オリンピック後も利益を出す「旅館アパート」投資

インバウンド需要が利回り10%を常識にする

兼業大家
白岩 貢
mitugu shiraiwa

はじめに

オリンピックを来年に控え、インバウンドニーズはますます高まっているように感じられます。

オリンピックの終了後に訪日外国人が減ることを懸念されている方もいらっしゃいますが、私自身の考えは、「オリンピックは一過性のもの。対してインバウンドニーズは永続的なもの」です。

オリンピックは世界的なイベントではありますが「17日間限定」の開催です。

お聞きしたいのは、オリンピック後の日本に関心を持たれなくなるのであれば、たった今、日本に訪れている外国人は何をしにきているのでしょうか。

8月4日付けの日本経済新聞に「きょうのことば」として、インバウンドの言葉の説明が取り上げられていました。以下、抜粋いたします。

「インバウンド」と呼ばれる訪日外国人旅行者は2012年以降、急速に拡大している。18年は3119万人で、3000万人の大台を初めて突破した。中国経済の減速や日韓関係の悪化で、先行きに不透明感が増しつつある状況でも伸びは続いており、19年1~6月も、半期として過去最高の１６６３万人を記録した。

人口減少などで国内の個人消費は伸び悩んでおり、インバウンド需要は地域経済のけん引役となっている。

旅行消費額も訪日客の増加に伴い拡大しており、18年は4兆５１８９億円となった。国籍・地域別では中国が全体の34・2％を占めトップ。次いで韓国が13・０％、台湾（12・9％）、香港（7・4％）が続き、上位はアジア勢が独占する。

政府は東京五輪・パラリンピックが開催される20年にインバウンド４０００万人、旅行消費額８兆円を目標に掲げている。

出典　日本経済新聞　https://www.nikkei.com/article/DGXKZO48188520T00C19A8EA2000/

当然ながら、今の日本ではまだオリンピックを開催されていません。それでも、このようにたくさんの外国人が訪れているのです。

これまでの著書でも繰り返し述べていますが、観光における日本のポテンシャルは大変に高いものです。アパート・マンションとして貸し出している部屋を、旅館業に転用することで大きなチャンスが生まれます。

本書は、私のこれまでの旅館業、通称「旅館アパート」についての取り組みや運営経験に基づきその魅力と可能性についてお伝えしていきます。

親の相続からはじまった大家歴は15年になります。その間、東京の目黒区・世田谷区を中心に、吹き抜けアパート・戸建て賃貸・賃貸併用住宅・シェアハウス。そして、旅館業・・・と様々な不動産経営を行ってきました。

そして今、そのすべての経験が「旅館アパート」経営のためにあったのだと確信しました。


空室を埋めるのが難しく、家賃下落が激しい。それが、これからの日本の賃貸経営です。この窮地に求められる不動産投資は、「旅館アパート」経営以外に考えられません。

その可能性は、東京だけでなく日本全国に広がります。今、世界中から観光客が訪れ、求めるのは文化や食、そして「宿」です。さらに旅館業であれば、日本全国、すべてのアパートの「空室」や「空き家」がその需要対象となるのです。

政府のお達しにより、主要な観光地の「宿」環境を急速に整えていますが、前述の報道の通り、常に予測を上回る観光客に追いつけない状況となっています。

当然ながら、地方都市にまで手は回りません。そこが逆に狙い目となるのです。

オリンピックはあくまで「きっかけ」であり「ピーク」ではありません。

オリンピック開催後、日本はさらに観光地としての評価が上がることでしょう。なぜなら、これほどまでに安全・清潔で、インフラが整い、倫理性が高い経済国は世界でも稀です。そして、美しい四季の景色をはじめ、北から南まで飛行機で数時間内の狭い国土の中に、驚くべき多くの文化が詰まっています。東京の1時間圏内だけでも、浅草・秋葉原・渋谷・新宿など、全く違う景色となっています。

これほどまでに安心して、旅行を楽しめる国は日本以外ないと思いませんか。

私の「旅館アパート」でも、海外からのリピーター客がどんどん増えていることからも明白です。また、到着直後の宿は東京が多いのですが、そこから日本の各地に観光へ訪れ、その先々で宿泊するのです。その宿泊先は私たち日本人の想像以上に多岐に渡ります。

では第1章より、私がこれまで5年間実践してきた「旅館アパート」経営の実際を赤裸々にご紹介させていただきます。

この取り組みが正解か不正解か・・・読後に皆さまご自身で判断してください。

どうか、時代の波に乗り遅れないように。

白岩 貢

◆目次

第1章

増加するインバウンド需要、減少する賃貸需要

第2章 これからの日本文化となる旅館宿泊業

第3章

高稼働・高収益！「旅館アパート」投資の基礎を知る

第4章

旅館業は建築面と内装で決まる

第5章

満室を続けるための管理・運営

第1章

増加するインバウンド需要、減少する賃貸需要

まず、現在の市況について話をしていきましょう。

昨年の新築シェアハウス「かぼちゃの馬車」破綻問題、スルガ銀行不正融資問題に端を発した不動産投資業界のスキャンダルによって、不動産投資ブームは終焉しました。

その一方でますます過熱するインバウンドニーズがあり、「旅館アパートで不動産投資をはじめたい」という方も増えています。

インバウンド需要はますます過熱

ご存じのとおり、近年のインバウンドは過熱している状況にあります。

政府が来年の外国人旅行者数の目標を4000万人、2030年には6000万人と発表したのが大きな背景の一つです。

ただ、つい最近は日韓の問題もあり、韓国人の来日観光客数は2019年1～6月を前年と比較すると3・8％の下落が起きました（日本政府観光局（JNTO）／2019年1～6月の訪日外国人客数）。半期としては5年ぶりの減少で現在はさらに悪化しています。台湾も韓国までとはいわないまでも減少しています。

一方、中国人の来日観光客数は11・7％増で新記録を達成しました。アメリカ人やヨーロッパ人に関しても2桁の成長をしています。

なお、1人あたりの消費額は、フランス人がトップの約24万円で、イギリス人を抜きました（観光庁／2019年第2四半期（4～6月）の訪日外国人旅行消費額　1次速報）。

ヨーロッパ勢の消費額が多いのは、近隣国と比べて滞在期間が長いからです。例えば、韓国人はＬＣＣで来て、２０００、３０００円のゲストハウスに宿泊することも珍しくありません。

要するに、最近の傾向としては、政治的・経済的問題から来日者数が減った国もある一方で、遠くから来日する外国人は滞在期間が長いため、その分消費するお金も多いということです。

また、韓国人に関していうと、大阪、福岡、対馬を訪れる人が多くなっています。対馬は船で行ける距離というのもあり人気ですし、福岡や大阪も距離的には東京よりも近く、ＬＣＣがたくさん飛んでいるのでアクセスしやすくなっています。

全体としては、落ち込み気味のエリアもありますが活況エリアも存在し、２回目の訪日であった人の割合は61・４％（観光庁／平成29年訪日外国人消費動向調査 トピックス分析）という高いリピート率からもわかるように、一度日本の魅力に気づいたら繰り返し訪れる外国人が多いといえるでしょう。

全国を訪れるリピート層

都市として人気なのは、やはり東京・大阪・京都のゴールデンルートですが、リピート層は北海道や沖縄をはじめとして、珍しい地方にも訪れているようです。

私たちも海外に行ったときに日本人が多すぎると軽い嫌悪感を覚えるように、海外の人たちも自国民が行かないようなニッチな場所に足を運んでいるということです。

そうした外国人旅行者の需要を見込んで、観光地ではどんどんホテルが建っています。

地方も人気がありますが、やはり東京は群を抜いています。というのも、外国人観光客の約半分は東京に来ているからです。どこか別の場所に行くにせよ、最初に東京に訪れる人が多いのです。最近のデータでも3100万人のうち1480万人が東京に来ています。

また、ホテルといっても二極化が進んでおり、かたや狭い部屋をたくさんつくっているビジネスホテル型、かたや高級ホテルとなっています。

ただ、意外と4、5人のファミリーで泊まれるホテルが東京は少ないといえます。

そのため、40、50平米くらいの部屋や戸建てというのはニーズがかなりあるのではと思います。

東京以外でも使われていない戸建てはたくさんあるので、それを旅館にするなど有効活用できる可能性は十分にあるでしょう。

人口の減少と共に増え続ける空き家

振り返って国内の需要を見れば、日本では空き家が増えて大きな問題となっています。日本に空き家は増えていく理由は「少子高齢化」です。

２０１５年10月に実施した２０１５年簡易国勢調査の速報値の報告によると、昨年10月1日現在の外国人を含む日本の総人口は1億２７１１万47人で、２０１０年の前回調査から94万７３０５人（０・74％）減り、１９２０（大正９）年の調査開始以来、はじめて減少に転じました。

39道府県で人口が減少し、11年に東京電力福島第一原発事故が起きた福島県は、過去最大の11万５４５８人減となりました。

厚生労働省の人口動態統計では、２００５年に初めて出生数が死亡数を下回りました。

前回の調査からの減少について、総務省は死亡数が出生数を上回る「自然減」が主な要因とみています。

全国の世帯数は前回比2・8％増の5340万3226世帯となり、比較可能な1960年以降では最多を記録。1世帯当たりの平均人数は前回比0・08人減の2・38人で、60年以降最少になりました。

この2015年国勢調査の結果からわかることは、日本の人口がどんどん減少している現実です。

生まれてくる赤ちゃんの数が亡くなる人の数を下回り、さらに世帯数が増えているのは、家族で暮らす人よりも、単身で暮らす人が増えているということです。

こういった現象から「人口は減っているが、結婚しない人が増えて、むしろ世帯数は増えている」という意見もあります。

たしかに結婚を選ばない人が増えているという事実もあるでしょうし、高齢者世帯が子供世帯と同居をしないという核家族化もあるでしょう。

国立社会保障・人口問題研究所によれば、全国の世帯数は2019年の5307世帯をピークに減少に転じて、2035年には4956万世帯まで減少する、と予測されています。

こういった将来が見えているにも関わらず、今もなお新築住宅はつくられています。新築のアパートもマンションもです。

なぜ空き家は増え続けるのか？

空き家になった理由については、様々な理由があります。

年老いた両親が住んでいた場合、広い家が不便となって引っ越したり、入院や老人ホームへの入所などもあります。

また、親が亡くなって相続を受けた際に、子世帯はすでに別の土地でマイホームを持って独立していたら、実家は空いてしまいます。

売却をしたいけれど、「実家を片付けるのは面倒」「思い出がつまっているのでふんぎりがつかない」「兄弟間で意見統一ができない」などといった理由で、結局ほったらかしにされてしまうのです。

「できれば貸すか売るかしたいが、家財の整理がなかなかできず、ほったらかしにしている」そんな話をよく聞きます。

それ以外にも固定資産税・都市計画税（以下、固都税）が理由となって放置されていることがあります。

固都税は、毎年1月1日現在で市町村の固定資産課税台帳、もしくは登記記録などに所有者として登録されている人に対して課税されます。

固定資産税は原則として（一部の例外規定を除く）すべての土地と家屋が課税対象となり、都市計画税は都市計画法による市街化区域内に所在する土地と建物が課税対象となり、市街化区域内に住宅などを所有すれば、固都税が併せて徴収されます。

支払い方法は、納税通知書にしたがって一括納付するか、年4回の指定月に分納します。あくまで1月1日に所有ということが基準で、例えば1月2日に家屋を取り壊したとしても、原則として1年分の課税がされます。

その税額は、固定資産税評価額に基づいて算定されます。

土地については価格の上昇や下落に伴う調整措置や、住宅用地に対する特例などを適用させた後の価格が課税標準となります。

また、固定資産税の標準税率は1・4％、都市計画税の制限税率（上限）は0・3％と決まっています。

ただし、アパートなど集合住宅を含む住宅が建っている土地には、「住宅用地に対する課税標準の特例」といって、税額の優遇が行われています。

住宅用地は、その税負担を特に軽減する必要から、その面積の広さによって、「小規模住宅用地」と「一般住宅用地」に分けて特例措置が適用されます。

【住宅用地に対する課税標準の特例】

・小規模住宅用地

200㎡以下の住宅用地（200㎡を超える場合は、住宅1戸あたり200㎡までの部分）を小規模住宅用地といいます。

小規模住宅用地の課税標準額については、価格の6分の1の額（都市計画税は3分の1）とする特例措置があります。

・一般住宅用地

小規模住宅用地以外の住宅用地を一般住宅用地といいます。たとえば、300㎡の住宅用地（1戸建住宅の敷地）であれば、200㎡分が小規模住宅用地で、残りの100㎡が一般住宅用地です。

一般住宅用地の課税標準額については、価格の3分の1の額（都市計画税は3分の2）とする特例措置があります。

簡単に説明すれば、毎年、固都税という税金を払う必要があり、その際、空地にしておくよりも、家が建っている方が税金は安くなるため、たとえ空き家であっても、建物があった方が得ということなのです。

空き家対策特別措置法の目的

そうはいっても近隣からすれば、空き家が放置されているのは、不審者が忍び込んだりといった治安の不安はもちろん、家が朽ち果てて今にも崩れそうになれば危ないですし、なにより景観も良くありません。

空き家の庭木が生い茂り、隣の家まで伸びてきても、所有者でなければ刈ることもできません。

空き家にトラブルがあっても、個人の所有物ゆえ、行政に訴えても対応してもらえないのです。

このように空き家には悪影響があり、さらに空き家が増えることを考慮すると、国策として空き家対策を進める必要性が高まってきました。

そこで政府は「空家等対策の推進に関する特別措置法（空き家法）」を制定、2015年5月から施行されています。


【空き家対策特別措置法の目的】
・地域住民の生命、身体又は財産を保護する
・（地域住民の）生活環境の保全を図る
・空家等の活用を促進する
・空家等に関する施策を総合的かつ計画的に推進する
・公共の福祉の増進と地域の振興に寄与する

これらの目的を達成するため、「国が基本方針を策定し、市町村が空家等対策計画の作成その他の空家等に関する施策を推進するために必要な事項を定める」とされています。

つまり国はあくまで方針を示したに過ぎず、各行政が行う施策までについては定めてい

ません。とはいえ法律の制定で対策しやすくなったのは確かでしょう。

空き家を放置していれば、行政から責任を問われる可能性がありますし、今後は空き家について固定資産税の軽減措置を見直す、つまり「増税する」としています。

2025年、3戸に1戸が空き屋となる

読者の皆さんは「2025年問題」をご存じでしょうか。

2025年問題とは、人口の5％を占める団塊世代が75歳以上となり、後期高齢者の割合が一気に20％近くまで膨れ上がる問題のことをいいます。

そのため住宅地の行く末は、団塊世代の家を継ぐ、団塊世代の子どもたち、つまり団塊ジュニア世代が親の家をどのようにするのかがポイントとなります。

野村総合研究所によれば、空き家となった住宅の解体や、住宅以外への有効活用などが進まなければ、2013年に820万戸だった空き家が、10年後の2023年には、約1400万戸に増えて、空き家率は21・0％に増えると予測しています。

さらに20年後の2033年には約2150万戸、空き家率は30・2％まで膨らみ、3戸

に1戸は空き屋になってしまうといいます。

そんなことはちょっと信じられない・・・そう思う方は自分自身を振り返ってください。現状で両親と同居している家庭は多くありません。

とくに東京など首都圏に住む方は、地方に住む親元を離れて独立している方が主流です。そんな方々のご両親が亡くなったとき、そのまま実家に移り住むようなケースは少ないことでしょう。

多くの子世代は独立して、別の街で世帯をかまえているものです。すでに家を所有していれば、親の家はただ空き家になってしまいます。

これを売却する、賃貸住宅として活用する、といった「次の手」を考えなければ、それこそ廃墟化は必至なのです。

こういった元々は誰かしらが住んでいた家が、使われなくなって空き家になってしまうケースもありますが、賃貸住宅の空室も空き家としてカウントされています。

それもまた大きな問題となっています。

それでもまだアパートは建て続けられる

そんな状況でもまだまだ新築アパートは建て続けれていました。

日本銀行が２０１７年の２月９日に発表した、全国の銀行による２０１６年の不動産業向け新規貸出額は、前年比15・２％増の12兆２８０６億円だそうです。

これは統計を開始した１９７７年以来、過去最高といいます。

２０１５年の不動産業向け新規融資の伸びは６％、２０１６年の伸びは2倍以上となり、全体の新規貸出額は10・４％増の48兆３９８８億円で、不動産向けが4分の1を占めています。

この背景には、日銀が導入した大規模金融緩和やマイナス金利政策による低金利の影響があるといわれています。

オフィスビルやマンションなどの不動産向け融資が伸びたほか、地価上昇で不動産投資信託（ＲＥＩＴ）向け融資などが増えており、「バブルといえるような状況にはない」とはされていますが、地主による節税を目指した新築アパートの過剰な供給や、サラリーマン投資家への融資など、金融庁や日銀は「注視が必要」としていましたが、案の定、昨年には新築シェアハウス投資会社の破たんなど、大きなトラブルが起こりました。

私は東京と関西間を移動することが多いのですが、とても需要が見込めないような郊外に、たくさんの新築アパートが並んでいます。

よく聞く話では首都圏の郊外でも新築アパートがたくさん建てられ過ぎて、「半年経っても空室が全く埋まらない・・・」なんて話もあります。

賃貸アパートが新しくつくられる理由は、地主さんが相続税の節税のために農地を有効利用するケースが多く、地主さんが建てた物件に対してアパートメーカーが一括借上げを行います。

よくあるセールストーク「一括借上げだから、空室でも家賃が入ります。安心ですよ！」を鵜呑みにした結果、トラブルになり現在ではオーナーによる裁判も起こっています。

それというのも、何十年一括借上げといっても、家賃の見直しは数年毎にありますし、購入したメーカー指定で割高な修繕を行わなくてはいけない・・・といったオーナーが著しく損をする契約が結ばれていることが多いのです。

昨年破綻した新築シェアハウス投資では、破綻の原因はサブリース賃料に比べて、実際の賃料の方が圧倒的に少なく、逆ザヤ状態を起こしていたといいます。その結果、サブリース賃料の支払いがストップした後に運営会社が倒産しました。

まだ土地のある地主さんであれば、こらえ切れる体力があるかもしれませんが、サラリーマン大家さんであれば共倒れです。

その他にも融資年数が伸びやすい首都圏の新築アパート。もしくは地方にある規模が大きいＲＣマンションなど、「融資がつくから」「買いやすいから」といった安易な理由で深く考えずに購入しています。

私は常々、お客様のいるところでなければ、アパート経営は成り立たないと言っていますが、地主さんでいえば「まずは節税ありき」、サラリーマン大家さんなら「まずは融資ありき」で、本来なら一番重視すべき賃貸需要が忘れられているように思えます。

誰も住まない部屋に、空気をためておいても何もなりません。

買うことばかりに夢中になって、「いかに稼働させるか」を忘れてしまえば、うまくいくはずがないのです。

だからこそ、自身のアパートを高稼働させる方法を模索する必要があると考えています。

Column

夜逃げから自己破産、私がアパートの大家になるまで

私は父から相続したアパートと自分で企画した物件も含めて、世田谷・目黒を中心にアパート6棟61室と貸家4軒を所有する大家です。その傍ら、不動産投資をはじめたい、物件を持ちたい・・・そんな大家さんと大家さん志望の方を対象とした勉強会を主宰し、アパートづくりのサポートをかれこれ10年以上行ってきました。

振り返れば、幼少のころから建築の現場に関わっていました。

というのも私は世田谷の工務店の次男として生まれたからです。父は小学校を中退すると大工の修行をはじめ、昭和21年に道具箱と米5升だけ持って上京しました。

大手建設会社の下請けなどをしながら資金を貯め、やがて独立して注文住宅を専門とする工務店を興しました。

受注はせいぜい年間5～6棟程度、多いときでも10棟くらいでしたが、仕事が丁寧と評判だったようです。

一度建てた人から再度依頼を受けることが多く、受注が途切れたことがありませんでした。

そんな父を持つ私にとって建築現場は、格好の遊び場でした。父の仕事振りを見て育ったので、アパート投資に取り組むとき、自然と建物にこだわっていたのです。

株ですべてを失い、夜逃げ

現在は大家をしている私ですが、ずっと順風満帆な人生を歩んでいたわけではありませ

ん。私は借金地獄から生還した人間なのです。

　原因は株の信用取引で失敗したことでした。

　学生のころの私は、ヨーロッパに留学して、そのまま移住するか、もしくは出版社に就職するか、それとも喫茶店を開くか・・・という若者らしい夢を持っていました。

　ひとつに絞りきれないまま、結婚をきっかけに大学を中退することになり、母親から出資を受けて、世田谷区内で喫茶店を開業しました。

　念願の夢のひとつが叶って嬉しいと同時に、思うように売上が伸びず、商売の厳しさを実感する毎日でした。

　そんななか、私の人生に大きな影響を与える出来事が起きました。店の常連客から株式投資をすすめられたのです。

「儲かるから、マスターもやってみないか？」

　当時はバブル景気の真っ最中でした。浮かれ気分の世の中のムードもあって、なんの知識もないまま、株に手を出してしまったのです。

時代の後押しもあったのか、はじめたころは驚くほど利益が出ました。気が付けば本業の喫茶店の仕事も忘れて、株にのめり込んでいました。

　しかし、バブル崩壊で風向きは一気に変わります。

　気づいたときにはもう、後戻りできない状況・・・借金の額は、小さな喫茶店のマスターであった自分の支払能力を完全に超えていました。

　儲けを出したのはほんのひととき、自転車操業から破綻へまっしぐらです。

　店の売上を返済にまわしても足りず、親から譲り受けた財産を内緒で処分して借金返済にあてる日々。

　結局、駆け落ち同然で一緒になった妻とは離婚。私の喫茶店は母に内緒で他人に譲りました。

　大切なものをすべて失い、どうあがいてもそれを二度と取り戻すことはできないという、絶望と後悔が私を襲いました。

持っているものをすべて手放しても借金はなくならず、最後は置手紙をして、ワンボックスカーに荷物を積んで家を出ました。夜逃げです。

働けど働けど借金の返済に消える

夜逃げした私は、すぐに働くことができる仕事として、タクシーの運転手を考えました。

幸いタクシー会社に入社できたのですが、会社には寮がなく、アパートを借りる資金もありません。仕方ないので社内の仮眠所やワンボックスカーで睡眠をとりました。

働いても働いても、給料の大半は残った借金の返済に消えていき、手元に残るのは、わずか数万円しかありません。

一箱200円の煙草代すら捻出できないため、すっぱり禁煙しました。

借りた金を返すだけの人生を送る日々に絶望し、自殺も考えました。

しかし、生命保険はとうの昔に解約済みで、保険金は1円も出ません。むしろ命を絶っても親に迷惑をかけるだけなのです。

そんなときに見つけたのが「自己破産」について書かれた一冊の本でした。暗闇の中に光を見つけたような気持ちでした。

1990年の夏、弁護士を通じて破産宣告を行うと、これまで毎月のように届いていた金融会社からの督促の手紙がパタッと途絶えました。

「ああ、これで助かった・・・」この日の夜は本当に久しぶりに安心して眠ることができました。

このとき、私は「もう二度と自分の人生を危険に浸すような馬鹿なことはしない」と、心に誓いました。

そして、愚直にタクシー運転手を続けながら、何とか生活を立て直すことができました。

二度目の結婚をしたのもこのころです。彼女の家に結婚の挨拶に行くと、父親は有名な大病院の外科部長を務めている人でした。

バツイチのタクシー運転手である私を、義父は黙って認めてくれましたが、ひとつだけ結婚の条件が出されました。

「実家との関係をきちんとすること」です。

散々迷惑をかけた親に合わせる顔はなく、「親に合うくらいなら、結婚を止めようか」とまで悩みましたが、結局、泣きながら謝り、許しを得ることができました。彼女とは無事に結婚することができました。

タクシー運転手がアパートの大家さんに

結婚後もタクシー会社には10年間しっかり勤務して、個人タクシーの資格をとりました。ところが、これから個人タクシーでバリバリ稼ごうかというときに、事態は急変しました。

２００２年に突然、父が亡くなったのです。

静岡で生まれ、孤児から裸一貫で上京した父は後に独立し、世田谷で工務店を開業しました。母と二人三脚で手堅く事業を行い、信頼を得たおかげで工務店経営は順調でした。

借金嫌いの性格だったため、工務店としては珍しく運転資金はすべて自己資金で賄い、工場や倉庫、自宅まで無担保・無借金で経営していました。

突然やってきた父の死は、家族にも、そして多分、本人にとって予想外のことでした。

まったく準備をしていなかったため、相続争いや税務調査はあったものの、結果として私を含めた親族で父のアパートを引き継ぐことになりました。

そして、私はタクシードライバーを辞めて専業大家となりました。

生前、父の勧めで宅地建物取引主任者の資格を取得していたことも、意味があったのだと思いました。

こうして私が相続によって大家業をはじめてから、すでに15年前が経ちます。

最初はアパート5棟、合計22室でした。

そのほかに神奈川県川崎西多摩区に、約89坪の資材置き場だった土地があり、姉と二人で相続し、そこにアパートを建てることになりました。

その翌年、私のホームタウンであり、若者が憧れる世田谷・目黒の好立地に、同じく33平米のカップル向けの吹き抜けアパートを新築しました。私が土地から探し出して、すべてをプランニングした物件です。

これまでにないオシャレで住みやすい新築アパートということで、相場より高い家賃にも関わらず、あっという間に満室になりました。

そこで、はじめて「地主でなくても新築アパートはできる！」と確信を持ちました。

不動産投資はサラリーマン大家でもできる！

大家仲間やセミナーなどで知り合った投資家に自身のアパートの話をしたところ、「ぜひ、建てたい」「新築アパートを学びたい」と多くの声をいただき、サラリーマン投資家を対象とした勉強会をスタートさせました。それが、２００５年のことです。

今でこそ、新築アパートは融資も付きやすく、手軽に購入できる初心者向けの不動産投資と位置付けられていますが、当時は「サラリーマンが都内、それも城南地域で新築アパートを持つのは、夢のまた夢・・・」そんな風に考えられていた時期です。

そして、私の仲間であるメンバーさんたちが次々と夢を実現しました。

私がはじめて手がけたアパートも、つくってから10年以上が経ちましたが、絶え間なく満室稼動を続けています。これは絶対の自信があり、今でも全く心配はありません。

ただし、景気とともに不動産価格が高騰しだしてからは、同じ手法を続けるのが難しくなりました。

とはいえ、私のこだわりは立地です。

それも「東京でも絶対的に需要のあるブランド立地で、アパート経営をすべき」という理念でやってきました。

これは理想論ではありません。一時期進出した北関東や静岡での失敗という、実体験に基づいた結論です。

立地に妥協をせずに収支の合うアパート経営とは何かをつきつめたときに、閃いたアイディアが、賃貸併用住宅とシェアハウスでした。

とくに女性専用のシェアハウスでは、バッグひとつで簡単に引越しをする「新しい住まい方」に着目しました。ここでも立地が重要で、世田谷・目黒から、さらにより良い立地として渋谷へと進出していきました。

東京の誰もが憧れるエリアにあるシェアハウス。家具家電の揃ったオシャレな新築シェアにリーズナブルに住めるとあって、たちまち大人気となりました。

シェアハウスから民泊を経て「旅館アパート」へ

女性向けシェアハウスは時流に乗ったのですが、またたくまにライバルも増えていきます。競争力では他にひけをとりませんが、ここ数年で都内の土地価格が上がり過ぎました。そこで、私は新たなる投資戦略を模索していました。

そんなときに出会ったのが「民泊」です。

少子高齢化が急速に進み、日本中に空き家と空室が溢れるなか、外国人旅行客は増え続けています。

シェアハウスはバックひとつで引越す女性がターゲットですが、旅行者もバックひとつで数日の滞在をします。

外国人と考えると構えてしまうところもありますが、根本的なところでは同じです。良い場所に居心地の良い部屋を提供することが肝心なのです。

詳しいところは本文に譲りますが、民泊を知ったときは「素晴らしいアイディアだ」と思いましたが、すぐに行き詰まりも感じました。

というのは当時、法的整備まったくなされておらず無法状態だったのです。

戦後の闇市のような混乱のなか、儲けに走る業者や民泊コンサルが多くいました。

しかし、私はあえて正々堂々と看板を出して営業する「旅館アパート投資」を行うことを決意しました。

アパートであっても宿であっても「大切なのは、いかに稼働させるか」です。


またアパートであれば月々の家賃は固定ですが、宿であればオンシーズンもあればオフシーズンもあります。

いってみれば旅館業ですから、ほったらかしで儲かる・・・なんてことはありません。もちろんクリアすべき法令もあり、それなりにコストもかかります。

しかし、ある程度の障壁があるからこそ、そこに不動産投資としてのチャンスもあると考えています。

多くのコンサル・業者が消えていくなか、長く続けていきたい

近況をお伝えすると、これまで私は不動産管理から始まり、大家だったのに宅建業を取り、現在に至ります。アパート投資を始めたのは2004年なので、もう15年ほど経ちました。

少し思い返すだけでも実にいろいろな出来事がありましたが、最近やっと今後やるべきことが見えてきました。

今、私の会社には、30代で私の右腕になる人が育ってきています。一人はアパートやシェアハウスの管理ができて交渉能力もあります。もう一人が30歳で宿泊予約のリーダーをやっていて宿泊のことは全部こなせます。

彼らは若くして実力があり、自分の頭で考えてどんどん新しい行動してくれています。好奇心や想像力もあります。とても信頼しており、私がやってきたことを託せる人間ができたことは、一起業家として心の底からうれしいです。

不動産投資の世界には、自分の利益ばかりを追求した結果、一時的には話題になったものの今では姿を見なくなってしまった自称コンサルが数多くいました。

業者にしても、ずいぶんイケイケな雰囲気の会社が多くありましたが、融資が閉じた瞬間、影も形もなくなりました。

それを見て、私は「数十年先まで考えなければならない」と改めて強く思いました。

これは私がもともと工務店の息子だということが大きいのかもしれません。

工務店は建物をつくります。そのため、施主様とは1、2年で関係が終わるものではありません。建て替えも行っていたので、35年以上のお付き合いが続く方もいらっしゃいました。

当然、無理なものはつくらないし、売りません。

その気持ちが今でもずっと残っているため、私を信頼してくれた大家さんを絶対に裏切りません。

この考え方は、これまでの15年のキャリアのなかで一度もブレたことがありませんし、今後も絶対に変わりません。断言できます。

第2章

これからの日本文化となる旅館宿泊業

「インバウンドニーズはオリンピックまでではないのか?」

そんな声が聞こえてきます。

私自身の答えは「NO!」です。2020年のオリンピック以降でも日本のインバウンドニーズは衰えることはないと考えます。

もはや、日本の観光需要は一過性のブームではなく、世界中の旅行客の選択肢に入るスタンダードとなっています。

不動産経営も、時代に合った形式に変化していかなくては先もありません。

第2章では、そんなオリンピック後の旅館業について考察しましょう。

オリンピックは17日間限定のお祭り

次はオリンピックについてです。

オリンピックの経済効果はたしかに大きいですが、実は開催されるのはたった17日間だけです。

そういう意味では、熱狂的なサポーターが各国から詰めかけるので、サッカーワールドカップのほうが盛り上がるといえます。世界の視聴率でいっても、ワールドカップのほうが上だと言われています。

私も実に多くの方々から「オリンピック後はどうなるのですか?」と質問されますが、今訪日している外国人観光客は、オリンピックとは無関係に来ています。なので、オリンピックだからと騒ぎ立てるような必要はまったくありません。

日本に来ている外国人は、サブカルチャーや自然、暦的な建造物(神社仏閣など)、そして治安の良さ、ホスピタリティの高さなどを重視して来ているわけです。現代は、そうした情報がSNSによって拡散されるので、良い情報はどんどん広まっていくのです。

日本政府の政策として、外国人観光客をアジアに偏らせないための多国化を数年前から掲げています。これはアジアに偏らせてすぎると、戦略として使われる恐れがあるからです。この政策が徐々に効いている印象です。

このように、今の日本の民泊や旅館業を取り巻く市況は非常に良いといえるでしょう。

すでに値崩れを起こしている地域も・・・

現在、地域によっては外国人観光客の獲得競争が激化しています。

大阪を例にとれば、大阪には特区民泊があり、合法民泊をはじめることが他地域に比べて容易です。そのため、旅館の件数が増えて、すでに飽和状態です。

ホテルもそうですが、安く宿泊できるゲストハウスも乱立しています。

これは比較的に規制の厳しい京都でも同じ状況で、宿泊費の季節変動が非常に大きくなっています。極端な話、高いときでは3万円、安いときでは3000円というケースもあります。

旅館業においてのリスクは、旅行のオフシーズンにおいて値崩れを起こすことです。つまり、オフシーズンには価格競争が激しくなりすぎて、いくら安くしても旅行客が入ってこないということです。

家賃は急に半分になったり、急に倍額になったりしませんが、旅館の宿泊費はニーズによって高くなることもあれば、下がることもあります。

価格競争ともなれば、旅館同士で足の引っ張り合いが起こります。そういう理由もあって、体力のないプレイヤーから撤退していくはめになります。

やはり、いくら外国人旅行者が多く来ているエリアとはいえ、需給バランスをしっかり見極めることが大切だといえるでしょう。

スモールスタートができる旅館アパート投資

例えば、両親が所有している空き家があって、それを旅館として運用する場合、元手はほとんどかかっていないため、たとえ宿泊者が付かない時期があっても大きな損失を被ることはないはずです。

しかし、普通にローンを組んで買ってしまったら収益性が悪化して最悪破産する恐れもあります。

そんなこともあり、私は複数人で共有して物件を所有するモデルを考えました。例えば、京都で行ったのは5000万円の物件を10人で、一人500万円の現金を出して購入するというものです。

昨年から不動産投資への融資が厳しくなっており、ワンルームを住宅ローンで購入する手法も増えてきています。

しかし、仮に月額家賃9万5000円のワンルームを買ったとしても、管理費や修繕費、固定資産税などが発生しますし、空室期間はもちろん家賃収入はありません。

そのため、いくら融資が通りやすく、長期・低金利の住宅ローンでも、ほとんど儲からない、むしろ損をするという可能性は非常に高いといえます。

また、億単位のローンを組んで物件を買うのも困難になっています。一棟物件でも、かつてのように物件価格の3割は頭金が必要というのが一般的になっています。

つまり、1億円の物件を買おうとした場合、頭金3000万円と諸費用が必要になるということです。

このような時勢をふまえ、前述した複数人で現金を持ち出して物件を買うというスタイルを打ち出しました。

500万円でOK！　複数人で旅館アパートを所有

10人で購入する場合、土地と建物を10分の1の登記をします。家賃も当然分配します。諸費用として一人が負担するのは、火災保険と固定資産税の10分の1、修繕積立金が月1000円です。原状回復費用も広告宣伝費もかかりません。例えば、500万円を出資して10人で購入した場合、利回り6％の物件なら年間30万円、月2万5000円が入る計算です。

しかも登記をしての売買になるため、売ろうと思ったときは残りの9人の合意がなくても、個人売買ができます。

これは一見、かぼちゃの馬車や某アパート専業メーカーの「サブリース・スキーム」と似ているように思えるかもしれません。

しかし、他社のスキームは、もともとの本体価格に利益を上乗せしてサブリース家賃を保証しているので、半永久的に物件をつくり続けなければスキームが継続できません。

つまり、それは非現実的な話であり、遅かれ早かれ破綻が待っているということです。

現に、かぼちゃの馬車が早々に破綻してしまったのは、融資が止まって物件をつくり続けることが不可能になったからでした。

本来であれば、安定して物件をつくり続け、高稼働で運営しなければならないのですが、日本の現状を考えると、人口減少、家賃下落という流れは止められないので、サブリースのスキームは根本的に問題があるといえます。

旅館アパート投資には欠かせないパートナー選び

しかし、旅館アパートであれば、今後も可能性はさらに広がりますし、通常の不動産投資よりもはるかに稼ぎやすいでしょう。

とはいえ、立地選定にはかなりこだわる必要がありますし、オペレーションやレート設定も簡単ではありません。

普通のアパマンのように、一度家賃を決めたら基本は動かさなくてもいいわけではなく、日によって値付けを変えるなどの工夫が求められます。

ですから、旅館業を始めようと思っているなら、やはりプロがきちんと運営する物件を買うべきだといえます。

プロといっても、コンサルを名乗る新参業者には悪徳なところも多いので、運営実績がきちんとあり、データも蓄積されている運営会社に任せるのがおすすめです。

旅館経営の場合、基本は住居の転用ではあるものの、清掃のレベルや運営の質はアパート経営と根本的に異なります。

例えば、ホテルでは金属部分はピカピカにしなければなりませんが、そのノウハウにも特徴があります。

こうしたことを押さえている業者は、実はかなり少ないものです。

手前味噌になりますが、私の会社は実績・経験に基づいてしっかりと展開しています。

前述した500万円の現金でオーナーの一人になれるスキームですが、今は京都を中心にしているものの、今後は北海道から沖縄まで全国的に広げていきます。

旅館経営における立地は、賃貸物件とは異なる視点で選ぶ必要があります。

賃貸需要が低い田舎のエリアでも、旅館経営においては驚くほど化けることも珍しくありません。

例えば、高野山付近・しまなみ海道・白馬・飛騨高山・金沢などです。

高野山はお寺があって日本文化が味わえますし、しまなみ海道は世界的に有名なサイクリングロードがあります。

白馬はもちろんスキーです。オーストラリア人に人気で、今では山歩きを楽しむために夏でも訪れる人が増えています。オーストラリアと日本では季節が逆なので、現地が冬だったら白馬は夏ということになり、ハイキングを楽しめるということです。

このように地方の場合、文化と自然の需要は非常に高く、通常の賃貸需要の目線では評価しきれない可能性を秘めています。

政府は外国人旅行者数の目標を6000万人としていますが、これは日本の人口の半分です。東京の人口の約5倍です。これだけの外国人がやってくる可能性があるわけですから、もはや東京オリンピックの影響力はまったく関係ないといえます。

Column

元F-15戦闘機パイロットはなぜ大家になったのか

前川 宗（まえかわ そう）
ブログ「空飛ぶ音速の世界から全く違う世界へ」https://ameblo.jp/so-m0331/

私は高校を卒業した18歳から現在の38歳に至るまでの約20年間、航空自衛隊に勤めていました。

まずは自衛隊に入ったきっかけからお話しします。私は8人兄弟（6番目）の生まれで、大学などで親に経済的負担をさせたくないという想いがありました。

高校卒業してそのまま就職することも考えたのですが、高校2年生のとき、航空自衛隊「航空学生」の存在を知って受験をしたのです。

実際に入隊して思ったのは、想像以上にキツいということです。私は「航空学生」の約60人の一人として入隊しましたが、そこでは外の世界のことを「シャバ」と呼んでいました。なかなか一般的に使われない表現ですが、これは入隊後数カ月ほぼ基地の外に出られないからといえます。

日々の生活は過酷で、朝6時にラッパと同時に起床して、季節に関係なく上半身裸でダッシュや筋トレをします。また、携帯電話を使えるのは夜の9時半から20分間程度。食事も数分で終わらなければならず、他にも毎日アイロンがけや靴磨きをしました。

当初60人だった同期隊員も徐々に数が減っていきます。私は3月に着隊、4月に入隊したのですが、まずその1カ月足らずの間に辞める人がいます。さらにはゴールデンウィークや夏休みに実家に帰って、そのまま戻ってこない人もいます。

ただ、夏を越えると、自らの意志で辞める

人はほぼいませんでした。

そういう意味でいうと、8月の盆明けまで生き残れるかどうかが大きなポイントだったと思います。その時期を越えると、最初はキツく感じた生活も慣れてきて、仲間との連帯感も生まれてきます。


「航空学生」というのは、パイロットを目指す人が集まるところです。

航空自衛隊のなかにパイロットになる枠組みとして航空学生のほか、防衛大学や一般大学を卒業してからという方法もありますが、もっとも若くしてパイロットになれるのが航空学生です。

選ばれた60人はパイロットの適正がある人だけです。私のときは約５０００人が受験して3次試験までクリアして着隊したのが60人ということです。

航空自衛隊パイロットへの道

私が自衛隊を知るきっかけになったのは高校2年生のとき、たまたま先輩が持っていた雑誌でブルーインパルスを見たのがきっかけです。

ブルーインパルスは、航空自衛隊の戦闘機パイロットが航空ショーをする部隊です。それを見て、かっこいいと思いました。

高校3年生の夏くらいから1次試験が始まるのですが、当時は親に話したら絶対に反対されると思っていたので、親に内緒で受験しました。

試験は無事進んでいくわけですが、最終の3次試験のときは10日間ほど泊まり込みになるので、さすがに両親に伝えざるを得ませんでした。

父は「行ってこい」というスタンスだった

のですが、母はなかなか理解してくれず、結局着隊するときまで反対され、着隊式のときに母が号泣していたのを覚えています。

航空学生になると、2年間は基礎的な精神教育・体力錬成・航空に関する座学を行い、卒業後は「フライトコース」が始まります。

これは、最初からジェット機を運転するわけにはいかないので、セスナのようなスピードが出にくい飛行機で練習するというものです。慣れてくるにしたがってジェット機を運転できるようになり、入隊から4、5年でウイングマークを取得します。

このウイングマークを取るまでにも、毎回技術チェックがあり、合格できなければクビになります。そうなると、パイロットにはなれません。フライトコースを途中でクビになっても、他職種で働くことはできますが、もともとパイロットを目指して入隊しているので、その夢が潰えた時点で辞めていく人が大半です。

ですから、航空自衛隊のパイロットになれる人は、毎年5000人のなかから1%程度に選ばれ、さらに厳しい生活、試験をくぐり抜けているわけなので、相当限られているといえます。

ちなみにパイロットといっても種類はさまざまなのですが、物質を運ぶ「輸送機」や救助をする「救難機」よりも、ジェットエンジンで動く「戦闘機」はもっともハードルが高いといえます。

つらく厳しい「飛行教導隊」

私が自衛隊のなかで最も厳しいと感じたのは、「飛行教導隊」にいたときです。

日本全国にある戦闘機のパイロットたちに教育をする部隊で、数十人のパイロットが所属しています。私は20代のときに飛行教導隊からお呼びがかかりました。

そこに呼ばれる時点で一人前のパイロットとして十分仕事ができ、人に教育することもできる立場にあるわけですが、そこには自分とは比べようがないくらいのベテランかつ凄腕パイロットがいるので、今まで積み重ねてきた自信がボロボロと崩れ落ちてくるほど厳しい指摘が入ります。

例えて言うなら、それまで優等生として評価されていたのに、いきなり劣等生に突き落とされたような感覚です。

もちろん、そこに呼ばれることは光栄なことですが、「自分は何もできていない」「今まで自分は何をやってきたんだ」と思ってしまうほど厳しい経験でした。

「何のためにそんな訓練があるのか」と思われるかもしれませんが、飛行教導隊の役割としては、部隊の人たちは何ができて、何ができないかを明確に認識させる立場になります。

飛行教導隊にはそれなりのパイロットが集まり、皆大きな自信を持っているので、いったんそれを全てはぎ取り挫折させることで、精神的に鍛えるとともに、フライト毎に問題点の抽出、改善策の立案能力を身に付けます。そういった努力と苦労をすることで、やっと人に教育できるようになります。

というのも、戦闘機は基本的に一人乗りなので、有事が発生したときに自ら判断・対応しなければなりません。その際の判断力・決断力を養うためにも、そうした厳しい環境に突き落とされることが重要と考えられているわけです。

今となっては良い経験だったと言えますが、当時は本当に大変でした。

ちょうどそのとき、ジョブチューンというテレビ番組に出たのですが、「一歩間違うと、すぐ死ぬ仕事に就いている人」という打ち出しをされました。

宇宙飛行士や登山家、ボートレーサーなど

と一緒に同じ切り口で特集され、ボロボロになっていた日々の中で、再び仕事に対する熱意や尊さを感じるきっかけになりました。

転機となったのは32歳

飛行教導隊のパイロットには各種資格がありますが、その最上級の資格を取ってしまうと、それ以上戦闘機パイロットとしての資格はありません。

私は32歳で最上級の資格を取得しました。喜びを感じる一方で「自分は今後、何を目標にすればいいだろう」と思うようになりました。それまでは目の前にある資格取得が目標だったのですが、すべてクリアしてしまうと次の目標が見つからなかったのです。

とはいえ、自分の技量を確かめるために有事を望むのはおかしな話です。本来、何事もないほうがいいわけです。

そういうこともあり、「はたして残りの自衛官人生は、何を目的に生きていこう」と考えていたのが32歳のときです。

時間的余裕も以前より増えたため、たくさんの本を読みました。

特に印象的だったのは『金持ち父さん貧乏父さん』(ロバート・キヨサキ著／筑摩書房)です。

この本を読んだことをきっかけに不動産投資を始めた人は多くいますが、私の場合、不動産投資をしたくなったというよりも、将来のことを初めて考えるきっかけになりました。

公務員として、パイロットとして、それなりの給料を稼いで、将来的にも安泰なんだとぼんやり考えていました。

自衛官の定年の平均は55、56歳と若いので、普通なら将来のことをしっかり考えなければいけないのですが、周りを見ても考えている人はほとんどいませんでした。

ただ、先輩たちをよく見てみると、楽しそうな人生を歩んでいるようには見えませんでした。

戦闘機パイロットの場合、50歳まで部隊でバリバリ活躍できるわけではありません。

体力勝負のようなところがあり、長くても45歳くらいで、普通は40歳前後で部隊を退きます。そこから定年するまでの15年程度は、私には“惰性”で生きているようにしか見えませんでした。

パイロットを引退した時点で、手当ては減ります。通常の企業なら40、50代で昇進昇給するものですが、パイロットの世界は基本的にその逆なのです。

「このまま55歳で定年を迎えたら、その先は年金だけで食べにいけるのか」と考えると、大きな不安が込み上げてきました。生涯年収を計算したりもしました。

不動産投資を知ったのはちょうどその時期、本を読んだり、セミナーに行くようになったのがきっかけです。また、気になる著者がいれば直接会いに行くこともありました。

33歳から不動産投資の勉強を開始

不動産投資の勉強を始めたのは33歳でしたが、すぐに物件を買うことはしませんでした。

もちろん、買いたいと思っていましたし、実際に買おうと行動はしました。

ただ当時は、融資は出るものの、物件価格は高騰していて、かつ良い物件がなかなか見つからない時期でした。

セミナーに参加しても、利回り20、30%で物件を買った投資家が話をするわけですが、それは過去のことであって同じだけの利益は確保できません。

そのため、私はそうした投資家から物件を勧められても、20年、30年後にどうなっているのかを収支シミュレーションをして「買うべきではない」と判断しました。

当時は、不動産投資をしたくてたまらないサラリーマンが大勢いたので、どんどん相場は上がっていく状況でした。しかし、これは需要と供給のバランスの問題なので、現在のように「欲しいけど買えない」という人が増えれば、相場は徐々に下がってきます。

セミナーの講師たちは、需要が少なく供給が多い時代に始めたので有利な条件の物件を買えたわけです。

なので、投資手法のプロデュースはできますが、その手法には再現性がありません。そのことに気づいていたため、私はそうして勧められた物件を買うことはしませんでした。

昨年の秋、白岩さんと出会う

白岩さんとの出会いは、2018年9月1日、某コミュニティのセミナーです。

白岩さんの講義のテーマは「これからの不動産で生き抜く」ということで、興味を持ちました。

白岩さんから初めて旅館アパートの話を聞いたときは、こんな手法があるのかと驚きました。民泊については聞いたことがあったものの、闇民泊が横行していて問題視されていたことを知っていたため、自衛官という立場上、近寄りがたいなと思っていました。一時的な儲けのために後から、トラブルに巻き込まれるのを避けたかったのです。

白岩さんの話を聞いたときは、すべてを理解することはできませんでした。ただ、すごそうだなという感覚はあったので、あとから本を読んで勉強をしました。

最初のうちは「旅館＝和風な旅館」をイメージして、資本力のある会社が経営するものだと思っていました。個人が小規模に行うということはまったく知りませんでした。

しかし、仕組みを知ってからは、すぐ「やってみよう」と思いました。白岩さんにメールして、セミナーの翌週には会いに行きました。

そこから物件購入までは1カ月もかかっていません。都内の好立地にある新築一棟です。すでに竣工して、旅館アパートとして稼働しています。


自衛隊を辞めるまでの流れですが、2018年7月に退職願を出しました。戦闘機パイロットとしてやりきった感があり、将来のことを考えると、このまま自衛官で居続けるメリットが見出せなかったからです。

当時はいろいろ考えていて、地元の愛知県に戻って何か事業をやろうと計画したこともありました。

そもそも私には「何か新しいことをするなら、40歳までに始めなくてはならない」というマイルールがありました。そんな時に白岩さんと出会い、刺激を受け、決心しました。

そして、物件購入後も白岩さんと話をしていくうちに意気投合するようになり、ビジネスパートナーとして活動するようになりました。

空を飛び回る生活が一変、ビジネスをスタート

まずは白岩さんが行っていることを学ぶためにいろんな話を聞きました。

そんななか、これまで400棟弱手掛けているなかで工務店は外注をしているという現状を知りました。自分がどこまでできるかはわかりませんでしたが、組織の仕組みづくり

から始めました。

そもそも一口で不動産といっても、管理もあれば売買もあって、ブラックボックスの部分が大きいため、かなり怪しい業者や投資家が暗躍しています。

実際、建築の分野でもアパートメーカーが多大な利益を乗せて建てていたりします。

通常、大工さんが作っているほうが高くなり、工場で大量生産できるメーカーのほうが安く提供できるわけです。

しかし日本の場合、そうなっておらず、むしろ大工さんよりメーカーのほうが高いという奇妙な現象が起きています。

こうした現場を知ることで驚いたことはいくつもあります。異業種から客観的な視点で見たからなのか「おかしい」と思う慣習がいくつもありました。

例えば、仕事の工程でも、疑うことなく進めているやり方が、少しの工夫でコストダウンしたりするのです。

しかし、多くの人たちはそれに気づかないまま、つまり本当は安く済ませることができるのに高い請求がきても、大手メーカーだと「大丈夫だろう」と安易に考えてハンコを押してしまうのです。


ビジネスの一つとして、白岩さんにアドバイスをいただきながら、２０１９年の春に建築の会社を立ち上げました。

不動産投資に限らず、建築の基本を伝えられて、会社の経営者としても多くの方に貢献したいと考えています。

目指すのは「生き方のモデル」

私にとって建築の会社経営は、一つの手段にすぎません。

私が目指しているのは、いろいろな人たち

の参考になる「生き方のモデル」です。

私の場合、仕事の選択肢があまりないのではと思われている公務員の立場で、現在のような仕事ができるようになりました。

公務員は民間企業で働く人と比較すると、リストラや合併吸収はない代わりに、スピード出世することはありません。そのため、仕事上では想定内で済むことが多く、どうしても惰性で生きてしまいがちです。

しかし、それでも人生では劇的なことが起こるということを体験していただきたいのです。それは公務員を辞めろといっているのではなく、副業でもいいので、毎日の規則だけの生活から抜け出す方法があることを知ってほしいです。

例えば、自衛官は、副業禁止というイメージが強く、副収入を得てはならないと思っている人が非常に多いです。しかし、年間500万円までなら不動産投資を行っても違反にはなりません。

そうしたことを知らないでいるのは非常にもったいないです。人事院規則を読んでみてください。

もしかしたら、副収入とした不動産投資がうまくいって、関連事業で起業できるようになるかもしれませんし、自分も知らなかった新たな可能性が見つかるかもしれません。

自衛官に旅館経営のスキームの話をすると、興味を持つ人がたくさんいます。やはり、体力仕事的な部分が大きいので、先々の不安を抱いているのだと思います。

ただ、自衛官は往々にして問題意識は持っているものの、勉強する時間を確保するのが大変ですし、そもそも世の中の動向に疎いという側面があります。なので、資産形成の話をすると、強い興味を持つのだと思います。正に自分がそうでした。

ですから、自衛官に限らず多くの方にいろいろなチャンスがあり、一歩踏み出せば新しい世界を見ることができることを知っていただきたいです。

不動産投資で人生の選択肢を増やそう!

よく白岩さんからは「なぜ民間のパイロットにならなかったのか?」という質問をされます。たしかに、自衛隊を辞めてもJALやANAのパイロットになる人はたくさんいます。

しかし、もともと私は旅客機ではなく戦闘機の操縦に憧れてパイロットになりました。旅客機のパイロットになることに関心を持てなかったのです。

周りからは「もったいない」「辞めたあとは何をするの?」と何度も質問されました。ただ、自分の意志は変わることはありませんでした。

私は現在38歳ですが、50、60歳になったとき、二つのことが語れる人間になっていたいと思います。

これまで20年かけて自衛官そして戦闘機パイロットとしての経験を積んだので、これからの10年、20年は違うことをやって自信を持って語れるようになりたいのです。

また、自分の腕一本で食べていくのは、やりがいのある反面リスクがあります。もし体を壊したらそこで終わりです。それが高い報酬の職種であればあるほど、失ったときのダメージは大きくなるので、そういう意味でも将来の不安はありました。

パイロットでいえば、仮に片腕が使えなくなったり、体に異常が出たりしたら、潰しが効かないともいえます。

しかし、会社を起業すれば、自分が実働をしなくても、的確な指示が出せれば運営ができます。また、投資であれば、お金がお金を生み出す循環ができるので、起業と同じように専門職として働くうえでのリスクはある程度回避できます。

私のように公務員であっても、その後の人生には可能性が広がっていることを多くの人に示していきたいと思っています。

さきほど話したように建築業は手段であり、不動産投資も同じく手段にすぎません。今後も白岩さんと話をしていくなかで効率化できる部分だったり、自分が興味を持てることが出てきたら、そちらに力を注ぐ可能性は十分にあります。

これは読者の皆さんも同じだと思います。

不動産投資はあくまで手段にすぎず、本来の目的は「人生の選択肢を増やす」「自由な時間を手に入れる」といったことのはずです。そこを見失わなければ、可能性はいろいろと広がっていくと思います。

第3章

高稼働・高収益！「旅館アパート」投資の基礎を知る

第3章では、ただ所有しているだけの使っていない空き家、それから空室の多いアパートの有効活用としてお勧めの「旅館アパート」投資の基本を解説いたします。

これから不動産投資をはじめたい人にも向いています。「旅館アパート」は旅館業法に基づいた合法の旅館です。基本的な仕組みや考え方についてを知ってください。

旅館業は「ホテル・旅館・簡易宿所・下宿」の4種類

そもそも旅館業とは「宿泊料を受けて人を宿泊させる営業」と定義されており、「宿泊」とは「寝具を使用して施設を利用すること」とされています。

旅館業は「人を宿泊させる」ことであり、生活の本拠を置くような場合、例えばアパートなどは貸室業・貸家業であって旅館業には含まれません。

また、「宿泊料を受けること」が要件となっており、宿泊料を徴収しない場合は旅館業法の適用は受けないのです。

なお、宿泊料は名目のいかんを問わず、実質的に寝具や部屋の使用料とみなされるものは含まれます。

例えば、休憩料はもちろん、寝具賃貸料・寝具等のクリーニング代・光熱水道費・室内清掃費も宿泊料とみなされます。

旅館業法は厚生労働省の管轄となり、旅館業には次の4種類があります。

【4種類の旅館業】
・ホテル営業　洋式の構造及び設備を主とする施設を設けてする営業である。
・旅館営業　和式の構造及び設備を主とする施設を設けてする営業である。いわゆる駅前旅館、温泉旅館、観光旅館の他、割烹旅館が含まれる。民宿も該当することがある（昨年の法改正により5室から1室の営業が可能になる）。
・簡易宿所営業　宿泊する場所を多数人で共用する構造及び設備を設けてする営業である。例えばベッドハウス、山小屋、スキー小屋、ユースホステルの他カプセルホテルが該当する。
・下宿営業　1月以上の期間を単位として宿泊させる営業である。

そうした旅館業のなかで、私が提案する「旅館アパート投資」は、旅館業法でいう旅館業、簡易宿所営業に該当します。

簡易宿所については、旅館業法の中ではもっともハードルが低いとされています。原則としては、国の定めた旅館業法簡易宿所営業の法令がありますが、具体的な部分は各自治体が要綱を定めています。

例えば、収容人数に合わせてトイレや洗面所の数が決まっていたり、防火基準も高く設定されています。

詳しいところは自治体によってルールが変わりますが、検査を受けなくてはいけないため、民泊に比べては格段に手間とコストがかかります。

とはいえ、２０１６年の４月にはこれまであった33㎡という床面積の基準は定員10名以下であれば１人３・３㎡とかなり緩和されました。

簡易宿所にもたくさんの種類があり、ペンションや民宿といった家族経営で行う小規模な施設もあれば、ユースホステルやカプセルホテルのような業態も含まれます。

きちんとしたホテルでなく、簡易宿所みたいな小さな宿泊施設に外国人旅行客が来るのか・・・そんな心配があるかもしれません。

私たち日本人が想像する以上に、外国人旅行客は様々な旅を楽しんでいます。

民泊のように日本の一般家庭に宿泊したい・・・、大浴場のあるカプセルホテルに泊まってみたい・・・といった、日本人から見れば、「どうしてここへ泊まりたいの？」と思われるようなニーズがあります。

その一方で外資系高級ホテルの日本進出も続いていますから、これはもう宿泊への選択肢が多様化しているのだと思います。

コインパーキングと共通する高稼働率

外国人は日本人からすると、思いがけないところでも観光に出向きます。そういった多様なニーズを不動産投資のなかにどう取り込んでいくのかを考えなければいけません。

せっかく良い立地や風景があるなら、そこを活かしたやりようがあるのではないかと思います。

空き家やアパートを所有している人に対しては、「ただ持っているだけじゃダメですよ」という話をしたいのです。

ここで可能性を考えてみましょう。

政府の目標である訪日外国人旅行客が6000万人以上となれば、今の倍以上の外国人が来ることになります。

賃貸マーケットでは東京への一極集中が見られますが、旅行となれば別で、全国がターゲットです。

そこへ向けて「旅館アパート」をアピールすれば、朽ちていくだけの空き家がお金を生み出す収益物件に生まれ変わるのではないでしょうか。


基本的な考え方としては駐車場です。

例として、同じ面積の駐車場2台があるとします。1台を月極駐車場として月額2万円で貸し出せば、借り手がいなければ0円、たとえ満車になったとしても月2万円の売上以上を稼ぐことはできません。

これがコインパーキングで1日最大2000円とすれば、1カ月で最大6万2000円、つまり3倍にもなります。

可能性からいえば、場所さえ選べば月極駐車場のように0円になってしまうことはほとんどありません。

もちろん、月の売上が数千円に冷え込む時期もあるでしょう。

しかし、高稼働すれば月極駐車場の3倍稼げるチャンスがあるのです。

これがコインパーキングの考え方です。

もし、空き家を1日5000円で貸して10日稼働すれば5万円です。0円だった物件が5万円も稼げれば、大きな話です。

空き家で固定資産税ばかり払うよりも、少しでも現金を稼ぎ出してくれたら良いではありませんか。

これが借家で月額家賃5万円であれば、満室であっても5万円止まり。旅館アパートにすると10日稼働で5万円、15日稼働で7万5000円、20日稼働で10万円です。

昨今の不動産投資ブームの中で、戸建て投資が人気を集めています。たしかに地方にある築古の戸建ては安く売っていますし供給量もあります。

逆にいうと売主側になれば、安く買い叩かれてしまうのです。それが、旅館アパートとして運用することで、少なからず収益が得られます。

それこそ浅草にある旅館アパートは、普通賃貸で高くてもせいぜい月の家賃収入14万円のところ、ひと月に54〜58万円の売上があります。自分で運営すれば収益率は非常に高いのです。

このように普通賃貸の3倍、4倍と稼ぎ出している旅館アパートがたくさんあるのです。

少し意識を変えるだけで、お荷物だった空き家や、なかなか埋まらない空室だらけのアパートがお金を生み出す金の卵に化けていくということです。

現在、空き家を持っている人であれば、ぜひ有効利用を検討してください。

戸建て投資を行うのであれば、需要のある地方でファミリー客、グループ客をターゲットにします。

戸建てにはいくつか利点があります。

アパートなどの集合住宅に比べてリフォームしやすく、旅館、簡易宿所にするのもやりやすいのです。

そもそも普通の借家にするとしても、アパートなどの集合住宅に比べたら、圧倒的にラクです。というのもアパートでいう共有部がありませんから、敷地内の面倒を見なくていいのです。

草むしりや庭木の剪定は入居者が行いますし、設備が壊れたとしても、自分で直す入居者も多いと聞きます。

というのも、借家の場合は一軒丸ごとなので、我が家のように住む人が多いからです。

そういう点が戸建て投資のメリットとされていますが、結局のところ地方では高い家賃で貸せませんし、逆に都内では住宅の値段が高いため収支が合いません。

そのため、自分の戸建ての特徴を見極めて、旅行者向けに貸し出すことを検討してみましょう。

なにしろ地方の戸建てはある程度の広さがあっても、せいぜい5万円程度しか借り手がつかないのです。これを旅館アパートとして貸すことで、より大きな収益を得ることが可能です。

「インバウンド」という言葉が当たり前になった今、日本中にリピーター客が増えてきて、あらゆる場所にどんどん行きたがるようになってきています。つまり、全国にチャンスがある」ということです。

合法で運営できる旅館業の強み

さて、おすすめする「旅館アパート」とは私の造語で「旅館業の許可を取得したアパート」を指します。

昨年や一昨年に「ヤミ民泊」「違法民泊」など、テレビやインターネットのニュースで目にした読者も多いでしょう。あれらは賃貸住宅を転用して、無許可で宿を営んでいるため問題視されていたのです。

対して旅館アパートは、旅館業の「簡易宿所」や「旅館」という許可を得て、合法でアパートを旅館として利用できるのです。

後述しますが、厳しく引き締められた「民泊新法」に比べ、緩和の傾向にあります。

具体的にいえば、建築基準法の一部が2019年6月に改正されました。

ここでは、建築基準法の改正案のうち、旅館業の簡易宿所営業の許可申請に影響する部分に絞って解説します。


まずは延べ面積200平米未満なら、木造3階建ての簡易宿所を認める規制緩和です。

過去の建築基準法では、宿泊施設（ホテル、旅館、簡易宿所）を3階以上の階に設置する場合は、建物を通常よりも高い防火性能を有する「耐火建築物」とする必要がありました。

しかし、東京都など地価が高い都心では、木造3階建ての「耐火建築物ではない戸建住宅」が非常に多く存在します。これまでは、こうした既存の戸建ては許可が取りにくい物件でした。

この改正案が施行されたため、木造3階建ての戸建て住宅での旅館業の許可取得が可能となりました。

また、確認申請が必要な用途変更の規模を、現在の100平米から200平米に規制緩和されました。

用途変更の手続きである「建築確認申請」は調査・図面作成をする建築士や、検査をする指定検査機関等の関与が必要となり、多大な手間とコストがかかります。

そのため、100平米を超える建物での旅館業許可取得は難しかったのですが、この規制緩和措置のおかげで200平米までが可能です。

くわえて、建ぺい率が10％緩和されました。これらは「建築基準法の緩和」といえます。旅館業をやっている人にとっては、非常にうれしい改正です。

「民泊新法」は昨年6月に施行されたが・・・

次に民泊についても解説しましょう。法整備がなされず闇民泊が横行して社会問題とまでなった民泊ですが、2018年6月15日に民泊新法が施行されました。

これにより、届出のない民泊は「Airbnb」をはじめとしたマッチングサイトへの掲載はできなくなりました。

これまで民泊を合法で行う際には、私が提唱する旅館アパート＝旅館業として許可を取得するか、大阪府や東京都大田区等の特区民泊を活用する方法しかありませんでした。

それが新法施行後は届出を行うことで、全国どこでも民泊の営業を行えるようになります。

ご存じの方も多いでしょうが、ここで民泊についておさらいしましょう。

民泊は戸建てやアパート・マンションなどの共同住宅の一部を旅行者に宿泊先として提供するサービスとして誕生しました。

「Airbnb」を代表とする空き室を貸したい人と旅行者をマッチングする、インターネット上のプラットホームの存在により世界各国に広まりました。

日本でも２０１４年頃より、都市部や観光地を中心に展開されています。


ここで現在、合法で行える民泊について簡単に解説したいと思います。

私が提唱する「旅館アパート」は前述した旅館業・簡易宿所の営業許可を取得します。

ですから、民泊とはまったく違うと認識していますが、戸建てやアパート・マンションといった住宅を転用できることにおいては、民泊と近しいと考えます。

【特区民泊】

「特区民泊」とは、国家戦略特別区域法に基づく旅館業法の特例制度を活用した民泊です。

特区民泊の正式名称は「国家戦略特別区域外国人滞在施設経営事業」ですが、特区（特別区）における民泊事業として「特区民泊」と呼ばれています。

特区民泊ができるのは国家戦略特別区の一部に限られますが、合法的な民泊事業運営方法の一つとして注目を集めています。

【民泊新法】

住宅宿泊事業法は、急速に増加する民泊について、安全面・衛生面の確保がなされていないこと、騒音やゴミ出しなどによる近隣トラブルが社会問題となっていること、観光旅客の宿泊ニーズが多様化していることなどに対応するため、一定のルールを定め、健全な民泊サービスの普及を図るものとして、新たに制定された法律で、2017年6月に成立、2018年6月施行しました。

住宅宿泊事業法案では、住宅宿泊事業者の届出制度と住宅宿泊仲介業および住宅宿泊管理業者の登録制度を創設します。

住宅宿泊事業者というのは、「住宅を貸し出して民泊を運営したい」と考えるホストのことで、民泊ホストは都道府県知事に届出を提出して民泊サービスを提供できるようになります。

ただし、1年間で提供できる日数の上限は「180日（泊）」で、住宅宿泊事業者には衛生確保措置、騒音防止のための説明、苦情への対応、宿泊者名簿の作成・備付け、標識の掲示といった民泊運営のための適正な措置を行うことが義務付けられます。

また、「Airbnb」をはじめとした民泊ホストとゲストをマッチングする仲介サービス（住宅宿泊仲介業）と民泊運営を代行している業者（住宅宿泊管理業者）は登録制となり、住宅宿泊仲介業は観光庁長官に、住宅宿泊管理業者は国土交通大臣にそれぞれ登録することになります。

そもそも今できる民泊としては、特区民泊は事実上大阪限定となり東京ではできません。というのも東京の大田区の特区民泊は非常に使いにくく、ビジネスには向かないからです。

国としては、インバウンド市場を広げて、どんどん海外から観光客を誘致したいという思惑があって民泊を推進しているのですが、自治体は推進するどころかシャットアウトをする動きを見せています。

そこまで自治体が民泊新法の条例を厳しく締め付けるのはなぜなのか・・・それは、いざトラブルが発生したとき、矢面に立ってクレームを受けるのは自治体だからです。民泊がある近隣住民たちは、何かトラブルが起これば市役所・区役所・保健所・警察署といった最寄りの公的な機関に訴えます。

観光庁や厚生労働省といった、本来であれば担当する国の機関には報告がされないため、政府と各自治体で見解が大きく乖離しているのが実情です。

その結果、民泊のルールをどう制定するのかではなく、騒音やゴミの問題といった近隣クレームに行き着いて「排除」の方向へ流れていくのです。

行政による独自ルールがさらに締め付ける

このように民泊新法は「規制が厳しいため、あまり使えない」というのが一般的な声ですが、行政によって差が激しいのが実情です。

そもそも国としては気軽に民泊ができるように法律をつくったものの、各行政に裁量権を持たせたために、過剰な締め付けが行われている印象を受けます。

例えば京都市の場合、厳しい独自ルールがあります。国は180日の営業を認めていま

1章 2章 3章 4章 5章 6章 7章

すが、京都市では、住居専用地域では1月15日から3月15日に限り営業可能という制限がつく可能性があります（住宅専用地域以外では180日が可能）。この期間はオフシーズンであり、もっとも需要がない時期です。

京都に関しては、既存の旅館やホテルを守るための締め付けだといえるでしょう。

その他、私のホームタウンである東京の世田谷区では、金土日だけが民泊が可能というエリアです。

事実上、かなり厳しい締め付けをしていますが、最近になってインバウンドニーズに気付いたのか、広告代理店に多額のお金を払って「食べ歩きマップ」や「飲み歩きイベント」などを行うようになりました。

私から見ると、世田谷区にただ外国人を呼ぶというのは現実的ではありません。宿泊とセットで提供しなければ集客は厳しいと思っています。

宿泊をすれば、飲食でお金を使うことになりますし、ドラッグストア・スーパー・菓子などの土産といったその他の消費も促せるでしょう。

しかし、そこに行政は気が付いていません。とりあえずイベントを組めば外国人が来ると思っていますが、そんなに甘い話ではないと考えます。

いずれにせよ、世田谷区はインバウンド需要に対して今後は頑張ってほしいです。正直、後手に回っている感を否めません。

タイプ別の「旅館アパート」

続いて「旅館アパート」をタイプ別にご紹介します。

これは私が実際にプランニングしている例です。

基本的には、もっとも行いやすいのは戸建て住宅です。新築でもいいですし、築古物件も再生することが可能です。

また木造の集合住宅でも場所がよければ4世帯の旅館アパートができます。

今、東京で進めているプロジェクトに4世帯型の新築旅館アパートがあり、月の売上予定が160~200万円以上見込まれています。

その他にプランニングとしては戸建てリノベーション1世帯型と、戸建て新築2世帯型があります。

【旅館アパート3つのプラン】

・戸建て1世帯型
・戸建て2世帯型
・集合住宅型（アパート）

集合住宅型（アパート）は、最初から旅館業として新築を建てるだけではなく、中古の賃貸物件をリノベーションすることもできます。

これらは第6章にて、写真でご紹介していますので、ぜひご覧ください。

たとえ中古物件であっても、内装に古さは残していません。

また、旅館アパート投資を行うにおいて、もっとも大事なことは用途地域とそれぞれの行政のルールです。

というのも簡易宿所の営業許可ルールは行政によって変わってきます。

大前提として用途地域があり、旅館業が可能な地域なのか、延床面積100㎡以下か以上でも変わってきます。あとは外国人旅行者から見て需要がある立地かどうかです。

【ホテル・旅館が建築可能な用途地域】
・第一種住居地域（当該用途に供する部分が３０００㎡以下）
・第二種住居地域
・準住居地域
・近隣商業地域
・商業地域
・準工業地域

狙い目のエリアはどこなのか？

では、実際にどのように旅館アパート用の物件・土地を探すのかについて解説します。

渋谷駅周辺はホテルの需要が圧倒的に多いにも関わらず、土地が高額なため昔からホテルが少ないエリアです。そのため強いニーズがあります。

渋谷駅といっても駅数分の立地ではなくて、１〜２駅で渋谷に出られるような立地が旅館アパートに向いています。

具体的にいえば、渋谷区・目黒区・世田谷区あたりです。この周辺には戸建て住宅を欲しがる層が多いため、旅館アパートとして購入しても最終的な出口はマイホームとしての売却が考えられます。


中央線・総武線もまた魅力のあるエリアです。

中央線・総武線は、東京駅はもちろん、新宿・秋葉原・神田、さらには中野などを通っています。外国人旅行者は、ＪＲパスを持っているため、もともとＪＲ線はよく乗る傾向があるのですが、中央線・総武線は主要な駅をだいたいカバーしています。

新宿は歌舞伎町、中野にはブロードウェイがあり、観光地としても人気があります。高円寺、阿佐ヶ谷、荻窪も商店街が賑わっており訪れる外国人が多いです。


浅草もテッパン人気のエリアです。10年前なら東京の東と西の、土地価格の格差が激しかったものです。いわゆる西高東低です。

ところが今や浅草や上野エリアの価値が上がり、同等に並んでいます。

浅草でも坪３５０～４００万円する土地が出てきています。かつての西高東低が、現在はほぼ互角になってきているのです。

理由としては東部エリアの利用価値が出てきたからです。

それが証拠に、最近の若者たちは東部エリアでカフェを開いたり起業をします。

加えて海外からの旅行客・・・やはり外国人は江戸文化の残っている浅草方面へ足を運ぶケースが多いです。

新規取得なら「立地」を重視！

「旅館アパート」には、所有している空き家や空室にあるアパートを有効利用する方法と、新しく取得（中古物件・新築物件）の2種類があります。

また、そのタイプにも3タイプあることを解説しました。

すでに所有している物件を使って旅館アパート投資を行うのであれば、売り上げ目標はこれまでの家賃の5割増しといったところでもいいでしょう。

いってみれば、「空き家でほったらかしにしておくよりも、いくらかの収入があればいい」「これまでの家賃よりも少しでも多く増えればいい」という感覚です。

このように今ある自分の物件を使う場合は、資産の有効利用ですから、融資を受けてはじめない限りは、そこまで収益について、シビアにならなくてもいいと思うのです。

それが、新規取得となれば話は別だと考えます。

そこはビジネスとして、冷静に考えてほしいと思います。

新しく物件を取得するということは、新しく事業をはじめるのと同じこと。むしろシビアに考えなくてはなりません。

そこで一番に重視するのは立地です。そもそも、どこで投資を行うのかは最重要事項となります。

旅館業ですから、「旅行客が訪れるところ」ということに、しっかりとフォーカスしましょう。

アパートの入居者との徹底的な違い

アパートや貸家など賃貸物件と旅館アパートのもっとも大きな違いでいえば、旅館アパートは旅館業の営業許可を取得します。

それにより、世界的に有名なホテル予約サイトに掲載ができます。すると、まず問い合わせが桁違いに増えます。

賃貸物件もスーモやアットホームといった専用サイトがありますが、あくまでその地域で住まいを探している入居者です。

全世界で日本を旅行先と考えている外国人旅行者と比べればパイが違います。

たしかに民泊も同じように外国人旅行者をターゲットにしていますが、結局のところ民泊であれば、民泊サイトを通じての集客しかできません。

旅館業の許可を取得することで、日本の宿泊サイトのみならず、全世界をターゲットにしたあらゆる媒体への掲載が可能となります。

【代表的な海外宿泊予約サイト】

「ブッキングドットコム」http://www.booking.com

「エクスペディア」https://www.expedia.co.jp

「ホテルズドットコム」http://jp.hotels.com/

「アゴダ」http://www.agoda.com/ja-jp

旅館業は普通のアパート経営に比べて、手間もコストもかかります。

しかし、投資目線でいえば、参入障壁が高いほどライバルが来ないというのも重要なキーとなります。

先述したとおり、税制改革や金融緩和の影響もあり、不動産投資を簡単にはじめられる環境が整っています。

本来の不動産投資は、資産家や地主のもの。サラリーマンが不動産投資をはじめるためには、知恵と工夫をもってして取り組んだものです。

それが今や、ある程度の年収があるサラリーマンであれば、簡単に融資が受けられ、気軽にアパート経営をはじめることができます。

しかも、融資の年数が伸びやすいということで、新築アパートが人気です。

その結果、アパートの過剰供給が問題視されています。

現状ではじめるのは容易ですが、不動産賃貸業で勝ち続けていくのが難しい状況となっています。

賃貸一本で戦うのであれば、私がかねてから提唱している都内にある「最強のブランド立地」でなければ難しいと思います。

しかし、視点を変えて「旅館アパート」にすることで、対象が大きく広がるのです。

だからこそ、立地が重要になってきますし、旅館としてのサービスの質も問われます。

つまり、自宅で民泊を行うような感覚とは別物になります。

今はたしかに民泊も流行っていますが、やはり多くの旅行客はホテルに宿泊します。

また、ホテルサイトには、ホテルランクがありますから、旅行客が予算に合わせてランクの選択をすることができます。

その辺は賃貸物件と似ていて、同じ立地でも家賃3万円の部屋と家賃6万円の部屋、家賃10万円の部屋では、築年数や設備・間取り・デザインそのすべてが変わってくるものです。

ホテルについても当然、ファイブスターの高級ホテルもあれば、星ひとつのゲストハウスや民宿もあるのです。

予約時点でそれを承知していますから、トラブルは少ないのです。

1泊3000円のゲストハウスに泊まって「ルームサービスがない！」とクレームを出すお客さんもいないでしょう。

その点からいえば、歴史の浅い民泊に比べて、しっかり仕組みが整っていると感じます。

また、同じ旅館アパートをホテルサイトと民泊サイトに掲載して比較したところ、民泊よりは明らかにホテルサイトのほうが高い宿泊費でも多くの予約が入りました。

そこからいえることは、やはり宿泊者数のパイが違うのでしょう。

その代わり、ホテルサイトに掲載されている以上、許可を取得した「ホテル」と見なされますから、いい加減な対応はできません。

しっかりとした建物、設備を備え、プロとしての対応を行うことが前提です。

第4章

旅館業は建築面と内装で決まる

「旅館アパート」は短期滞在とはいえ、旅行客が快適に過ごせる物件でなければいけません。

もちろん、オーナーさんにとってもメンテナンスが少なく、省エネで火災に強く収益をあげられる物件である必要があります。

そのため高品質の建物をつくっています。躯体から外観、内装、設備にいたるまで全貌を公開いたしますので、ぜひ参考にしてください。

基礎と躯体

①基礎

あらかじめ地盤調査と構造計算を行い、結果によっては地盤改良をしてから基礎をつくります。

アパートの基礎は大きく分けて「布基礎」と「ベタ基礎」があります。布基礎は現在一般的ではありませんが、一昔前の一戸建て住宅や木造アパートに広く使われていました。

鉄筋コンクリート造で断面が逆T字型をしており（この部分をフーチングと

呼びます）、このフーチング基礎の上に土台を載せて、その上にさらに柱や壁を組み立てていきます。

②配筋

基礎配筋は建物の土台となる非常に重要な部分です。

例えば、コーナー部分では立ち上り部分の主筋（水平方向）が重なる部分の長さ（定着長さ）が十分であるかを基礎の上端と下端の双方で確認します。

十分な強度を得るためには、鉄筋直径の35倍以上の定着を取る必要があります。鉄筋の重なりは３００ミリ以上確保します。

また、コンクリート打設前の最後の作業として、「基礎スラブ配筋」があります。

基礎スラブとは、上部構造の応力を地盤に伝える構造部材の総称です。下端主筋、下端配力筋、上端配力筋、上端主筋の順番で配筋を行います。

なお、白岩流の「旅館アパート」では、配筋下は上がってくる湿気を防ぐため防湿シートを敷きます。鉄筋はシングル配筋で２００ミリ間隔、鉄筋の耐久性を得られるよう60ミリのかぶり確保するためサイコロ状の物（配筋スペーサー）を敷設します。基礎の開口部分は、鉄筋を増やして補強をします。

③土台

防蟻処理した材料をアンカーボルトで緊結します。

基礎幅は１３５以上ミリで、ジャンカ（コンクリート打ち込み不足によるデコボコ）がほぼない状態にする必要があります。

鉄筋を基礎の中心に、アンカーボルトを土台の中心位置に配置　ねずみなどが入らないように床下換気は基礎パッキンを使用（土台とフーチング基礎の間にある黒いもの）します。

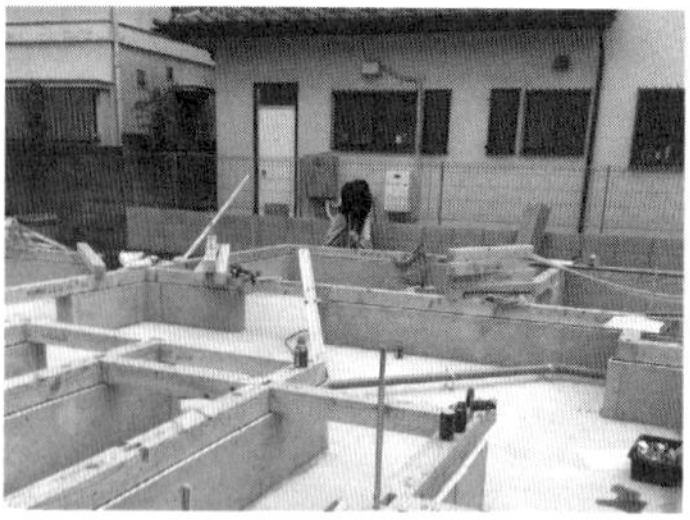

④柱

垂直かどうか、そして接合部の金物が適切なもので、きちんと取り付けられているかを確認します。

土台、柱共に桧を使用します。その際に割れなどないか確認する、防蟻処理をする、筋交いと柱の取り付けの確認をします。

⑤屋根

軒先から空気を吸い込み棟から排出する「棟換気」をすることによって、夏の暑さも大分違いますし、結露リスクも減って屋根躯体も長持ちします。

くわえて雨漏り、外壁保護を考えできるだけ軒の出を確保します。

⑥防水シート

シートの重なりが十分取れているかを確認しながら、外壁防水シートをしっかりと張り巡らせます。

なお屋根の形状はシンプルな

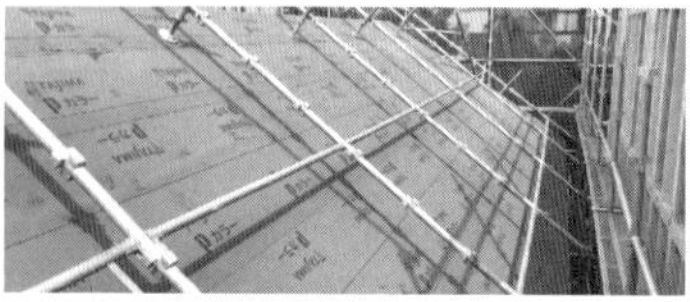

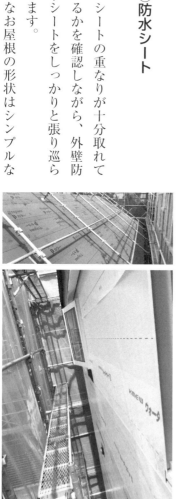

切妻の屋根を目指していますが、土地の形状や高さ制限によってケースバイケースになります。

⑦断熱材

屋根の断熱材ですが、旅館アパートは高性能グラスウールを使用し、室内側に防湿シートを張ります。寒さ、暑さ、湿度対策、光熱費削減の断熱等級2相当としています。音の対策として上下階、隣室界にも遮音シートを併用して充填します。

⑧防蟻処理

木造住宅にとって、もっとも危険な敵は白アリです。しっかりと防蟻処理を施す必要があります。工場で、処理される部分以外で筋交い、構造用合板などは現場で塗布しています。

⑨外壁

外壁塗装の際に考えなければならないのは、劣化を抑えるための塗料や工法です。

外壁材には「サイディング（セメント質と繊維質を主な原料）」を使用し、準耐火建築物仕様にしています。耐候性（変形・変色・劣化等の変質を起こしにくい性質）に優れ、軽量で火に強く、かつ施工時間が短く済むからです。

工法はコテ塗りの吹き付けにしています。特長を出せる外壁は重要です、目立たない部

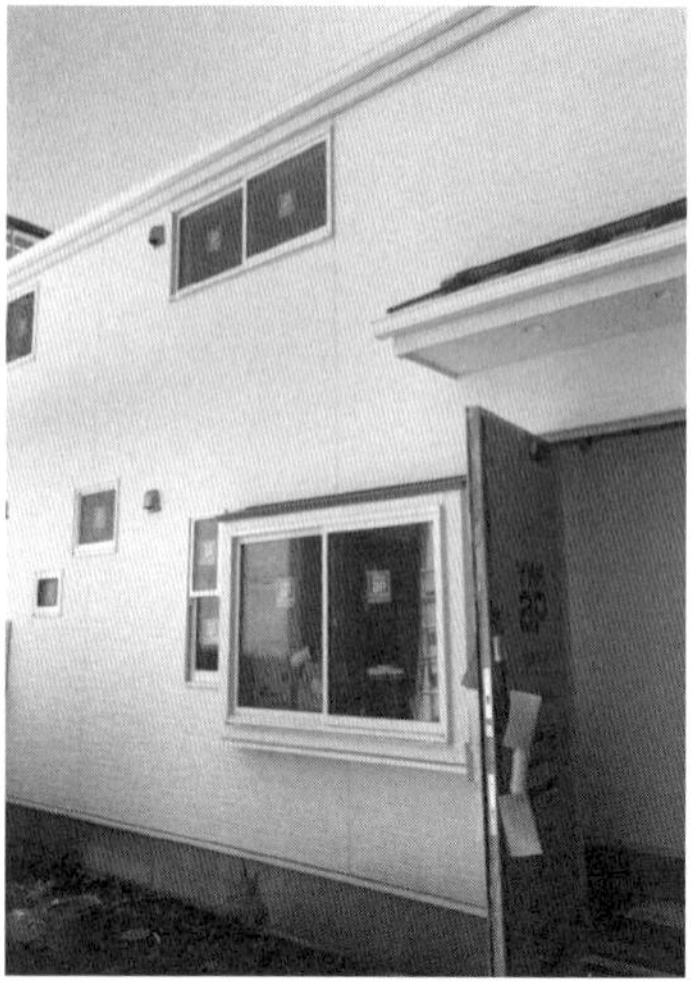

分は防火、劣化を重要視し、特長を出せる部分を塗り壁などで特長づけます。

外観と外構

①玄関・庭

玄関では可能であれば日本的なイメージが出るようにします。そのほか、玄関内にアクセントに石を敷いたりするのも、雰囲気が良くなるためお勧めです。

日本を代表するイメージのひとつとして、「庭」も見逃せません。全国各地にある庭園のなかには観光スポットであるところも少なくないです。

昔ながらのデザインはもちろん、少し洋風にアレンジしてみても面白いでしょう。中庭などにしてお風呂から庭を眺めることができる旅館アパートも人気があります。

内装と設備

①リビング

リビングは、ゆったりとしたつくりで広めのほうが外国人にはウケがいいです。畳を敷くなど和テイストを出すのも良いでしょう。日本人と違って床に座ることは少ないため、椅子とテーブルはあった方が良いです。

日本的な「ちゃぶ台+座布団」の組み合わせも好評です。

また、飾り物として日本人的な置物や壁飾りを使って、華やかな印象を演出します。高価なものはもちろん素敵ですが、１００円ショップで売っているものも組み合せて、コストをおさえながら雰囲気を出すことも大切です。

②キッチン

家族連れのゲストや、地元の食材を購入して自分で料理をしたいゲストにとってキッチンは魅力です。たとえ料理をしなくても、買ってきた飲み物を冷やす冷蔵庫、お弁当を温める電子レンジはあった方がよいでしょう。

生活に不便が生じないことはもちろん、ホテルに近づけるイメージを持って＋αの製品があることが重要です。また、ＩＨコンロ・レンジ・トースター・電子ケトルなどの電化製品、フライパン・鍋・菜箸などの調理器具を置いてあげると、なお喜ばれます。

また、キッチンはお部屋の中でも特に汚れやすい場所です。オーブンや冷蔵庫、電子レンジは高価なものでなくても良いので清潔を心がけます。

キッチンは刃物を使用する場所になるため、コンロや換気扇の使い方などを英語でわかりやすく説明します。またガスではなくてＩＨのコンロを設置することで火事に対しての

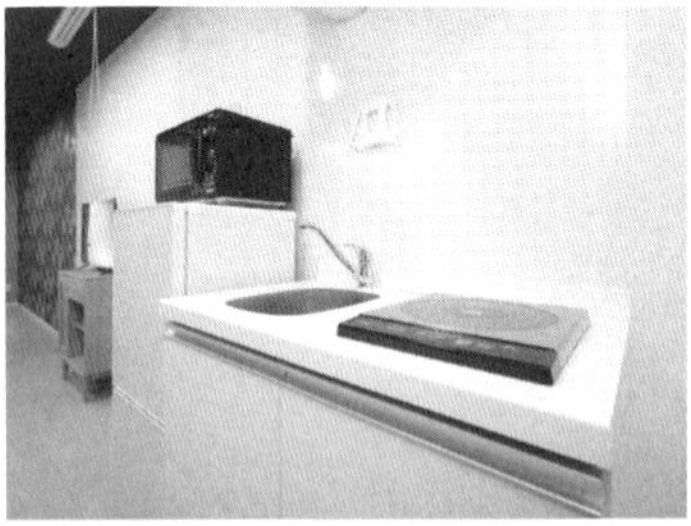

リスクヘッジを行います。

③寝室

畳に布団を敷いて寝る・・・ということに憧れる外国人旅行客がほとんどです。また、布団は畳めますので、少人数からグループまで対応できるのが良いところです。

注意点としてはお布団をしまう押し入れになるような収納があると良いでしょう。また、ベッドに慣れている外国の方のためにマットレスは厚めのものを選びます。

④トイレ

日本人同様、洗面台と一体型ではない独立型が好まれます。ウォシュレットはとても喜ばれるもののひとつなので必須です。

壁紙などは汚れが目立たない、かつ清潔感のあるものを選びます。

なお、一室あたりのトイレの数は、地域と宿泊可能人数によって規定が異なります。例えば、東京であればワンフロアに2つは必要ですが、京都の場合、居室9・5畳までであれば、トイレはひとつでも大丈夫です（旅館業の共有部分以外は、1室に1か所以上）。

⑤バスルーム

旅館営業では、基本的にはバスルームが必須です。旅館業法施行令では「当該施設に近接して公衆浴場がある等入浴に支障を

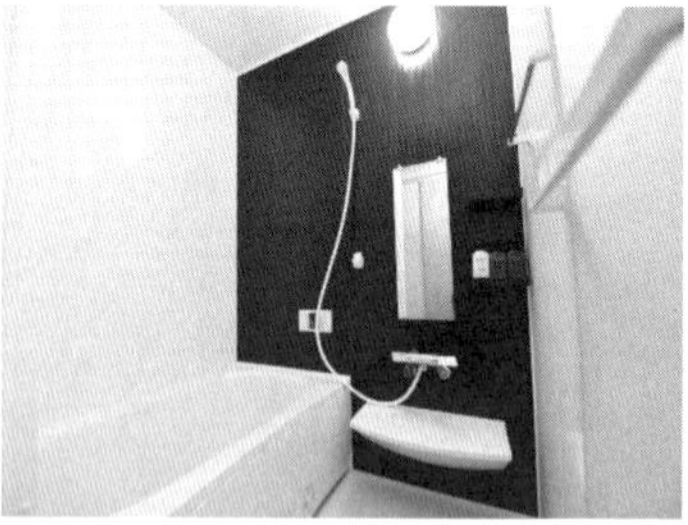

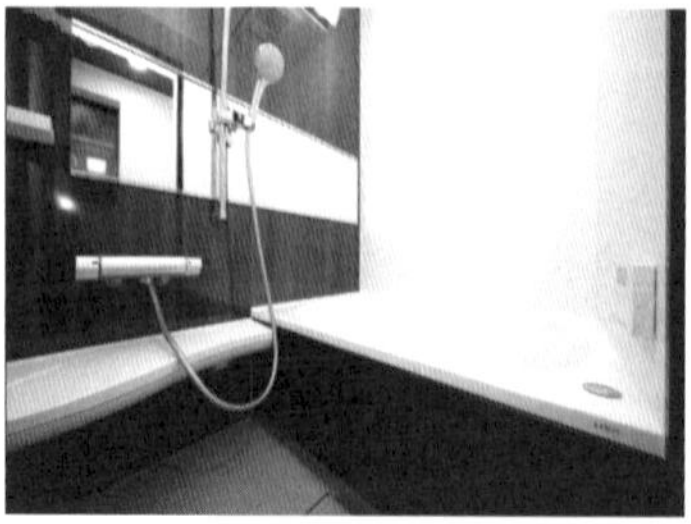

きたさないと認められる場合を除き、宿泊者の需要を満たすことができる規模の入浴設備を有すること」とあります。なお浴槽が必要か否かについて、個数については特に規定はありません。また旅館はシャワー室でも可能です。

⑥洗面室

基本的には清潔感を重視して、洗面ボールは使いやすいように大きめにします。デザインはホテルのようなスタイリッシュなものを選んでいます。

⑦照明

ダウンライトを選ぶのが無難だと思いますが、これだと個性が出ないので、リビングだけでも和テイストを意識しましょう。

和でなくとも、ちょっと雰囲気のあるオシャレなものを選ぶのがポイントです。

⑧クロス

賃貸物件の場合は、アクセントクロスを使うことが多いと思いますが、「旅館アパート」は家具付きですから、アクセントクロスだけでなく、クッションなどの小物や家具も使って色を演出します。必ずしも和風である必要はありませんが「和」を意識することで、外国人旅行客から好評を得ます。椅子や絵画など、落ち着きのあるものを選びながら、写真映りを考えて差し色になるものもいれます。

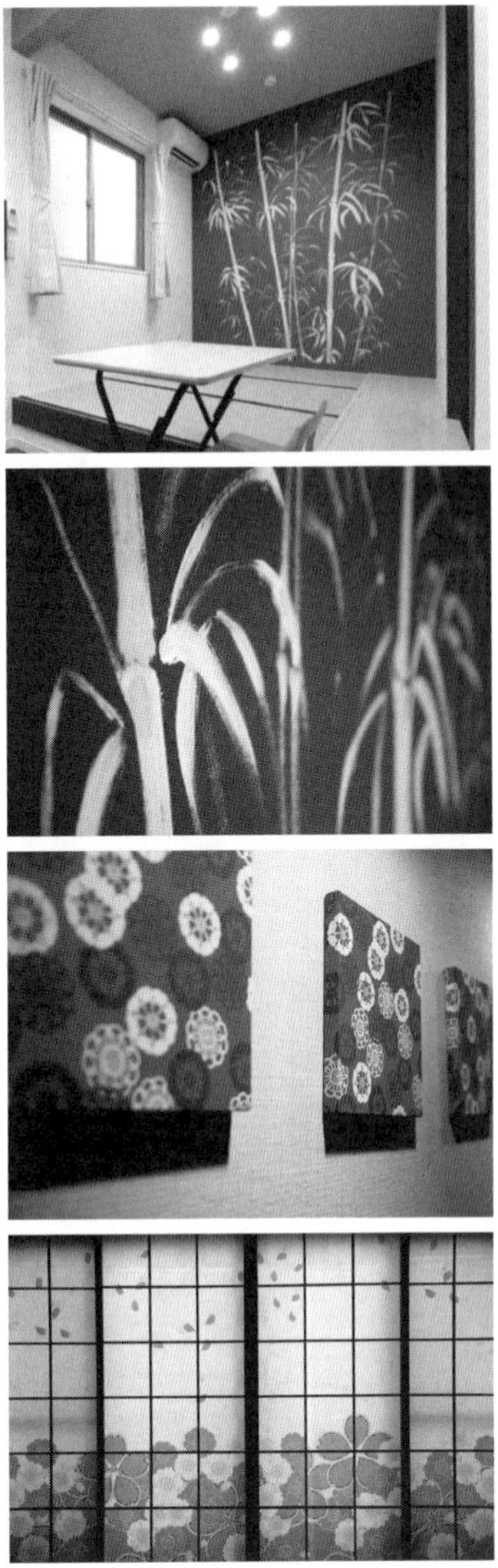

⑨タオル類、リネン、その他のアメニティ

意外かと思われるかもしれませんが、タオル選びも「旅館アパート」経営においては大切な要素です。

ホテル用のふかふかの厚手タオルが良いかといえば、乾ききらないまま放置すると、変な臭いがしたり、カビになったりします。

ですから、タオルはできるだけ薄手のもの（多少、硬くて触り心地が悪くても、パリッと乾いて清潔なもの）を選びましょう。高級なものではなく使い捨て感覚で大丈夫です。

色については「何色がよい」ということはありませんが、カラータオルの方が、汚れが目立ちにくいです。

ベッドシーツ、枕カバーなどリネンの洗濯は、プロに依頼した方が圧倒的にラクに済みます。

歯ブラシ・ヘアキャップ・ヘアブラシ・コームなどのアメニティですが、なるべく置いたほうが宿泊客に喜ばれます。
こういったアメニティの値段について気になる人もいると思いますが、業務用であれば1個あたり数十円なので、業務用を用意すればコストを下げることができます。

⑩帳場

簡易宿所営業では帳場（帳付けや勘定をするカウンター）の設置等が義務付けられてお

り、各自治体によって高さ等の規定が異なります（施設外設置は、駆けつけ体制など整った場合、認められます）。

帳場は誰が見てもわかるよう、目立つデザインにしましょう。ここでも和のイメージを出しても良いと思います。

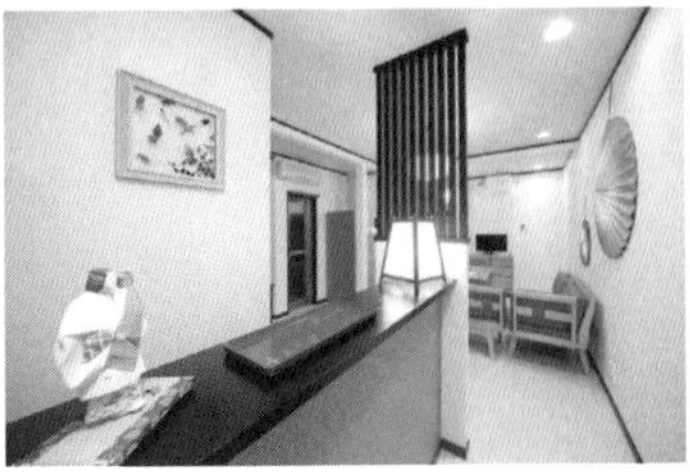

⑪誘導灯

旅館アパートは、旅館業法の旅館業・簡易宿所営業の許可を取得します。そのためには消防署・保健所からの検査を受ける必要があります。満たすべき規定はいくつかありますが、とくに大切なものとして避難路の確保、火災時の報知があげられます。この避難路を指し示す「誘導灯」、「自動火災報知設備」も必ず必要な設備です。

⑫その他の備品

懐中電灯・傘・ハンガー・救急セットなどはあると宿泊満足度が高くなるので、おススメです。

なお、消化器は建物の延べ面積が150㎡未満の場合は不要です（火気使用室、消防署の指導がある場合は設置します）。

第5章

満室を続けるための管理・運営

第5章は、旅館アパートの管理・運営テクニックです。

大切なのはしっかり高稼働させること。旅館アパート＝合法で行う旅館業です。つまり、行政の営業許可を得たビジネスです。

それが強い意味を持つのは、「集客に際して」だと断言できます。

また知っていただきたいのは、昨今、人気を集めている民泊と旅館業では集客ノウハウが違うということです。集客は「Airbnb」だけではありません。

マニュアル化によるトラブル回避術

宿泊時におけるトラブル回避の策としてハウスマニュアルの作成があります。

これはとくに珍しいことではなく、賃貸物件でもルールブックを作っている大家さんもいることでしょう。

「ガスのトラブルが発生したらここに電話してください」「ゴミの捨て方はこうしてください」と、そのような完全にマニュアル化することで管理運営をスムーズにさせているのです。

ハウスマニュアル、宿泊マニュアルをつくるにあたっては、日本語だけではなく英語や中国語など、多言語で用意しなければいけません。

オーナーとしての観点でいえば、部屋が痛むことに対して敏感です。

東南アジアでは日本式で靴を脱いで生活しますが、欧米人に対しては「靴を脱いでください」と注意しなければいけません。

ルールをつくることで、考えられる懸念に対して、予防策を打つことができます。

例えば、喫煙についてです。日本やアメリカは喫煙に対して厳しいですが、世界的にはまだまだ喫煙者が多いものです。

なかには日本人以上に煙草を吸う人もいます。部屋に煙草の臭いがついてしまうのは困りますから、「喫煙所以外では禁煙！」という形にしています。

そして、キッチンの一角に喫煙コーナーを設けるというような対応をとっています。

他にマニュアルに盛り込むことといえば日本製の家電の使い方です。

スイッチ一つについても日本製のリモコンは全て日本語で説明してあります。テレビ・エアコン・給湯器もしかり。そこで名称や使い方を英語や多言語で説明します。

旅館アパートは基本的に住宅街の静かな地域にあります。

騒音には敏感なので、そのような物件については静かにしてもらえるようにチェックイン時に注意・厳禁事項をまとめた書面にサインをいただき、事前の案内と、マニュアルへの周知で対応しています。

その際には、民泊で見られるよう、外国人にも解りやすく絵に書いて壁に貼ったりするようなことはしていません。

ベタベタ貼ってしまうと、見た目も悪くなってしまいます。ただし、要所要所で注意する点は例外です。例えば、すぐ近くに隣家があるところは窓を開けないように注意書きをします。

マニュアルに関しては家の使い方だけでなくゴミの捨て方についても慎重にしています。

基本的には物件の中に分別用のゴミ箱を設置し、事業ゴミとして回収しています。

マニュアルにもゴミの捨て方として、外に捨てないよう呼びかけています。

宿泊客によってはコンビニの袋にゴミを入れて電柱に置き捨てることもあると、民泊ホストからは聞いています。

このようなことをされると近隣トラブルの原因になりかねません。ゴミについては必ず物件の外へ出さないように徹底しています。

ホテル予約サイトによっても変わりますが、ほとんどのサイトは予約されると自動返信で、そのサイトから「予約を確約しました」というメールが流れます。

それ以外に、翌日までに「ご予約ありがとうございました」とメールを流して、予約された物件の案内やお礼を伝えています。

現在、すべてのゲストに京都駅近くの受付・ラウンジ（事務所）に立ち寄る流れにしており、そこまでの行き方など送っていますが、チェックインが半年後や10カ月も先になると、あまり早く送ってもゲストが紛失してしまう恐れがあります。

一度お送りした後で、「詳細は宿泊日の1週間前に改めてお知らせします」としてメールを送っています。

滞在中のフォローはそこまで必要ない

旅館アパートであっても「無人で勝手に入ってください」ということはできません。チェックインは事務所の受付と合わせ、物件フロント（帳場）で対応します。

対して、東京の場合は区によって事情が異なりますが、基本的にはフロントで対面して受付をします。そして、宿泊者名簿に記入してもらいます。

対面で部屋の使い方など教えますが、「基本的にはハウスマニュアルをご覧ください」と伝えします。

ゲストからよく聞かれるのは、「近くにレストランやコンビニはありますか?」です。それに際しては物件ごとにマップで最寄りのスーパーやコンビニエンスストアを作成しています。

それと外国人旅行客がレンタカーを利用するケースも増えています。

そこで近くのコインパーキングを案内したり、最寄りの駅、またはバス停といった案内マップはそのときに渡していますし、部屋にも常備しています。

滞在中のフォローについていえば、基本的に日本人客に対しては、特別な対応を行うことは少ないです。

せいぜい、「タクシーで何分かかりますか?」「近所にコインパーキングがありますか?」といった、ごく普通のことを聞かれますが、外国人は多くのオーダーをいただきます。

とくに宿泊するまでのコンタクトが多いです。

滞在中をいえば、今はスマホで調べれば何でもわかる時代になって、それほど多くありません。

ただし、外国の方は3～4泊と長く宿泊します。

「ゴミがいっぱいになったので回収してくれ」「リネンの交換をしてほしい」などの要望はあるので、それに対応します。

接客は「おもてなしの心」が大事

ハウスルールもつくっていますし、清掃手順などのマニュアルもしっかりつくってはいますが、マニュアルにない自然な「おもてなし」の仕方が、とりわけ外国人の対応で重視されると考えています。

外国人客は、かなりの方が生まれて初めて日本に来ています。事前にいろんなことを調べてきても迷子になったりします。

今はインターネットやSNSも普及していますから、いくらでも調べられますが、私たちに細かい質問のメールが来たとき、宿泊客への返答に対するスピード感によって、より信頼が生まれます。そのようなところも気を使います。

また、その際には多言語対応も行っています。

日本へ来る外国のお客さんは、中国・韓国・台湾といったアジア人が圧倒的に多いですが、意外にも日本語を話す方が多いです。

もちろん、日本へ来るのは初めてという方もいますが、日本が好きで何回も来ている方もいます。

ご家族で来ていても、お父さんかお母さん、または息子さんであったり、どなたかが日本語をしゃべります。

もしくは、日本語が話せなくても英語を話します。

もっとも困るのは日本語・英語を話せないお客さんで、なかには母国語しかわからない方もいます。

そのようなときは多言語が話せるスタッフがいるとすぐに対応ができます。

よくフランス人はフランス語しか話さないといいますが、今のところ私の企画する旅館アパートを利用されている方は英語を話します。フランス人でもドイツ人でも基本はやはり英語で、予約も英語で入っています。

ただし、対応としては日本語や英語以外にも、多言語で対応できたほうがよりおもてなしにはなります。

旅館アパートは運営サイクルが圧倒的に速い

賃貸物件と旅館アパートの運営方法の違いを解説します。

賃貸物件には管理会社があり、管理会社が入居者の対応や集金の管理、修繕の手配をします。

このように大家さんの代わりにいろいろと動いてくれます。旅館アパートの場合では、これらをどういう形でやっていくのか解説していきます。


まず、大きな違いは多岐に渡る業務内容です。

賃貸との最大の差は、賃貸でいう入退去のサイクルが早く、業務量が多いということです。

アパートの管理では、客付けと入った後の管理、そして月に1度の巡回や集金がメインになります。

それが旅館アパートともなれば、集客の部分は常に毎日です。

賃貸の場合は、一度入居すれば基本的に2年間は契約がありそのまま入居しますが、旅館アパートの場合は1泊だけの方もいるわけです。

長くてもせいぜい4～5泊といったところで、そのため常に集客の努力をしないといけません。

管理についてもチェックアウトがある度に、清掃と建物の維持管理という作業が必要になってきます。そこもアパートとは異なるところです。

そしてメールです。

予約をしてから宿泊までのフォローが必要なのは、アパート経営にはない大事なポイントになります。

旅館アパートは運営会社選びが肝!

旅館アパートを投資としてはじめるにあたっては、管理運営を自分でやるのがもっとも理想的といえます。

それでも、お仕事との両立が難しく、自分で出来ない場合は、運営会社に委託することができます。

その際にはどのような運営会社に頼んだらいいのでしょうか？

やはり全てにおいて、責任を持って最後までワンストップで見てくれる業者でなければ難しいと思います。

民泊では清掃だけを対応、もしくは顧客とのメールのやりとりだけを対応、鍵の受け渡しだけを対応とバラバラでやっているところがあります。

もちろんワンストップでやっているところもありますが、やはり質が大切で、それが宿泊客の満足度に繋がっていきます。

選び方の大事なポイントは、集客から運営までトータルで依頼できて、かつ質にこだわった、責任を持った運営会社を探すことです。

そうでなければ、クレームの元になりますし、レビューにも影響します。

一般的な賃貸物件では、全ての入金が1カ月サイクルです。

入居者の動きでいえば、実際にはもっと早く出ていってしまう場合もありますが、一応は2年契約がベースになっています。

それに比べれば旅館アパートは早ければ1日、長くても数日という早いサイクルで進んでいきます。

それに合わせたスピード感が大事なのです。

チェックアウトが11時で次のチェックインが15時であれば、その間の4時間に掃除をして、次のゲストをお迎えしなければいけません。

当日の予約がなく翌日のチェックインだった場合は時間に余裕があるので、「そのうちやればいいや」と怠っていたら、突然その日の予約が入ったりするケースもあります。

とりあえず先に清掃さえしておけば、いつでもゲストを迎えられる状態になりますから、そのようなところでスピード感を持った対応が必要になってきます。

集客を最大化するためのテクニック

続いては集客です。旅館ですから、宿泊者をどれだけ集めて、高稼働できるのかが肝となります。

あらゆる集客サイト・・・具体的には宿泊予約サイトは「営業許可証があって初めて集客ができる」のが大前提です。

「旅館アパート」は営業許可を持っていることにより、大手の集客サイトを使うことが可能です。その点でも我々が今採用している外国人向けについては、「ブッキングドットコム」(https://www.booking.com/)や「エクスペディア」(https://www.expedia.co.jp/)などを使っています。

日本国内向けについては、楽天トラベルなどのサイトを通じ、トータルで5社を利用しています。さらに販路の拡大で数社と交渉している状況です。

ここでお伝えしたいのは、外国人旅行客向けと日本人旅行客向けの集客サイトのちがいです。

最大のちがいといえば「言語」でしょう。

日本人旅行客向けサイトは、やはり日本語がメインですから、海外市場にはほとんど知られていません。

募集は日本国内だけで利用するのは95%以上は日本人、もしくは日本語が理解できる外国人、在日外国人の方が大半です。

これが外国のサイトであるブッキングドットコムでは、大半は英語圏の旅行客ではあるものの、取扱い言語は英語だけではありません。ドイツの人であればドイツ語、フランス人はフランス語から入ってきます。

そういった意味で販売チャネルが世界中に強いことが最大の特徴です。これらのサイトについては8～9割方が外国からの申込みです。

ちなみにこういった宿泊客を募るホテルサイトの手数料については、掲載に対して、いくらか初期の費用がかかるケースもあれば、ないケースもあります。あとは予約の入った段階では課金されませんが、結果的に宿泊予約が入った場合に、宿泊代金の何％かをコミッションとしてサイトへ支払います。

ただし、それも本当にピンからキリまでです。高いケースでは数十％も取られますし、安ければ一桁代の手数料です。加えてクレジットカード精算の場合は、さらにクレジットカードの精算費用として数％が経費として引かれます。また楽天トラベルなどでよく見かける「10倍ポイントセール」ですが、実質は企業負担になり、そこそこのコストはかかりますが集客の仕組みは整っています。

Booking.com
世界最大の宿泊予約サイト
宿泊施設を掲載する
登録する
ログイン
セールを検索 旅先インスピレーション！ 滞在はいかがでしたか？ バケーションレンタル Booking.com for Business iPhone/iPad/Android対応のBooking.com
宿泊施設 レストラン レンタカー フライト
お得な宿泊料金を検索
「泊まってよかった」と評判の宿・ホテルを見つけよう
行き先、宿泊施設名または住所
チェックイン日
チェックアウト日
チェックイン
チェックアウト
目的を選択 出張・ビジネス 旅行・観光
客室 1 大人 2 子供 0
検索
ログインしてプライベートセールをチェック！
ログインして、今すぐセールをチェック
海外 国内
ヨーロッパ
アジア
北米
中近東
アフリカ
オセアニア
南米
仙台市
この場所を訪れる理由：
食事, グルメ料理, 市内観光
仙台市のホテル・アパートメントなど »
石垣島
この場所を訪れる理由：
ビーチ, 自然, 景色
石垣島のホテル・アパートメントなど »
横浜市
この場所を訪れる理由：
港, 観光, チャイナタウン
横浜市のホテル・アパートメントなど »

Expedia+ 会員価格で、対象ホテルがさらに 10% 以上割引 今すぐ登録！
Expedia.co.jp
かしこい旅、エクスペディア
アカウント スクラッチパッド 予約の確認・管理 サポート 会社概要 English
AIR+割 ホテル代が最大全額OFF！
ホーム 国内ホテル 海外ホテル 航空券 航空券＋ホテル 現地ツアー 旅館 レンタカー 最新セール 直前割引セール 旅行アプリ 旅の必需品
メンバープログラム
ホテル (国内・海外)
航空券 (海外・国内)
航空券＋ホテル (海外・国内)
現地オプショナルツアー
往復 片道 周遊 (2 都市以上の滞在)
出発地
目的地
都市または空港
都市または空港
年/月/日
年/月/日
ホテルを追加する
検索
航空券を予約した人だけ、ホテル最大半額！
世界中のホテル、多数の航空会社を扱う
世界最大の総合オンライン旅行会社
のエクスペディア価格保証でどこよりもお得に予約
即時に空席・空室のみ検索表示で簡単予約

在庫管理にはサイトコントローラーが必須

日本でも外国でも複数の宿泊予約サイトへ同時に募集をすると、部屋がダブルブッキングしてしまうのではないかと心配になる人もいると思います。

それを回避できる仕組みとして、サイトコントローラーを使って運営しています。

これは「ブッキングドットコム」に予約が入った瞬間、「じゃらん」や「楽天トラベル」など、提携しているその他のホテル予約サイトから、一括で部屋の在庫を減らす仕組みです。

そのため、ダブルブッキングはできないようになっています。

そのサイトコントローラーを導入することにより、リアルタイムで予約が実現しているのです。

このようにサイトコントローラーを使って、多媒体で集客をしていきながら、それを使えない媒体ではリクエスト予約制度を取って、できるだけすべての予約をすくい上げて無駄にしないようしています。

ちなみにこのサイトコントローラーは、旅館業界では常識となっており、大手のホテルから旅館、民宿まで取り入れています。

好評価レビューが集客力を上げる

民泊ではレビューを重視します。

旅館アパートでもそれは同じです。アマゾンならネット通販で買いものをするにしても、レビューをチェックしてから購入する人が増えていると思います。

つまり、まっさらな状態からレビューづくりをするのですが、そのためのノウハウを解説します。

簡単にいうと、黙っているばかりではレビューを書いてもらえません。

宿泊客と対面したときは日常会話だけでなく、さりげなく「レビューを書いてください」とアプローチをかけます。

細かなサービス、気配りを徹底して、さりげないアプローチをするだけでなく、お客さんご自身からレビューを書いてもらえるような努力も必要です。

宿泊客に満足いただき、それをレビューに反映していくのもまたひとつの集客方法なのです。

その他にもレビュー評価を上げるコツとして、「対面すればレビューは上がる」ということがいえます。

そもそも、普通のビジネスホテルでも、フロントで宿泊客とやりとりします。部屋のグレードがさほど良くなくても、フロント対応が良ければ、好印象を抱くものです。民泊の場合は、誰もいない無人オペレーションではなくて、ちゃんとホストがいてゲストと触れ合うなど、何かしら接触すればレビューが上る可能性が高いと聞きます。

ゲストとコミュニケーションを取ることにより、レビューをもらえる可能性が高まります。

それからメールの対応も大切です。

予約から、宿泊までの間のメールのやり取り、または電話のやり取りを頻繁にすることでも満足度が上がることが数字として現れています。

そこも対面だけではなくメールでの会話が大事であると思っています。

我々のところは本当に満足してもらって書いていただいていますが、他の旅館や大手であれば、チェックアウトのときにレビューを書いた画面を見せると、「売店で500円引きになります！」というサービスもあるようです。

こうして好評価のレビューを多く集めることで泊まりに来るお客さんを増やしていきます。

最初のレビューがない状態では、ゼロからのスタートになるのですが、オープンしてから時間が経って、レビューがついていると「入り」は明らかにちがいます。

ポイントにもよるのですが、レビューの点数だけでなく、その中身があるのとないのとでは、乗っている土俵がまったくちがうため、そこも集客の大事な基準になります。

旅館アパートのレート設定

その他、私がよく受ける質問に宿泊費の値段の付け方があります。

基本的にはいくらでも付けていいわけです。

例えば家賃の場合だと相場がわかりやすいでしょう。ワンルームやファミリータイプなど、駅から徒歩○分で築○年、「新築のRCマンションなら」「木造で築古なら」と細かいカテゴライズがされているものです。

ただし、これがホテルになると高級なナショナルブランドのようなホテル、いわゆるラグジュアリーホテル的なものと、ビジネスホテルや旅館とでは、仕組みも値段もちがうものです。

例えばビジネスホテルだけのランク付けや、高級ホテルだけのランク付けなどを見ていくと、私が企画するようなグループ向けの旅館アパートは圧倒的に数が少なく、どのように値段を付けていいものか迷います。

そこでまずは近隣の宿泊施設の数についても調査をします。

ラグジュアリーホテルと旅館では土俵はちがいますが、我々は旅館の中ではクオリティに徹底してこだわっていますから、決して安売りはしません。

高過ぎると入りませんし、逆に安くし過ぎてしまうと、競合相手が民泊となり、バッティングしてしまいます。

そこまでの安売りはせず、ビジネスホテルと大きなシティホテルの間くらいを基本設定としてやっています。

宿の形態としては小規模なグループ、小家族、4～6名がもっとも強いターゲット層になっています。

それに対してより魅力的、かつ集客のできる金額設定が重要です。

家族の場合なら、ビジネスホテルの部屋だと収容人数2人が多く、3人も泊まれる部屋は少ないものです。

下手をすればシングルが大半を占めるホテルもあるくらいです。

そうなると家族で泊まろうとすれば複数の部屋を押さえなければいけませんし、結果的にホテルランクがさほど高くなくてもトータルの宿泊料金が高くつきます。

それと比べると、1部屋で泊まれて同じ値段であれば、絶対的にみんなで泊まれる宿が好まれます。

金額の考え方も「1部屋いくら？」と計算するのではなく、「みんなで泊まっていくら」で、それを頭割りした方が安く感じられ、収益も取りやすくなるという考え方です。

基本的に1棟2部屋のところが多く、例えば5名の2家族なら、2部屋を利用してもらい1棟貸しとなります。

金額的にも近隣のホテルでツインを5部屋取るよりも、お得な値段設定で10名が泊まれます。

それでも3〜4泊となれば、より収益が高くなってきます。そこが我々の強みでもあります。

また旅館アパートの特徴でいえば、基本はアパートなのでキッチンやお風呂、洗濯機などが揃っています。

普通のホテルに比べて、一般家庭に近い設備が備わっているため快適に泊まることができます。

それが結果的には、「同じ部屋に何泊もしたいな」と思わせているのです。

実際にレビューでもありました。

これは日本人のお客さんでしたが、お嬢さんが学校の寮に入っていまして、ご家族が遠方にお住まいとのことで、学校の文化祭やスポーツ祭でいらしたときに2泊していただきました。

お嬢さんと久しぶりに一家団欒で過ごした際、気兼ねなく我が家のような感覚でくつろげ、お出かけをするときも家から出かけて家に帰ってくるような気分だったそうです。

キッチンも洗濯機もあり、「本当に家にいるのと変わらない。ホテルと違ってすごくよかったです！」というレビューをいただきました。

類似のレビューもいくつかいただいております。そこも旅館アパートの強みであると思っています。

シーズンごとのニーズを知る

旅行業界では、シーズンによっても基本の値段設定があり、さらに桜や紅葉の季節、大きなお祭りの季節はものすごく収益が伸びます。

実際に1年前から予約が入るような状態です。

やはり、そこは旅館だけではなく、旅行会社やJR、航空会社もそうですが、需要があるときに値段を上げます。

今までピークの価格設定はひとつしかなかったのですが、これまでの経験上、設定を細分化することにより、収益の最大化にも結びつくと考えました。

現在はピーク期の中でも細分化して、より高く収益が上げられる体制を整えています。

なおピーク期は桜・祭り・紅葉のシーズン・連休です。

逆にオフシーズンは、お部屋に空気をためていても意味がありません。そうかといって安売りをしてしまうと不毛な価格競争に入ってしまいます。

そこは過度な安売りをせず、オフ期にはお得なキャンペーン価格を設定するなどして、できる限り収益を上げるかたちで運営できるように努力しています。

また、先述しましたが、高レビューを獲得することにより、オフ期でも安定的な需要を取り込む努力をしています。

それは旅行業界の常識だそうです。スタッフには以前、航空会社に勤めていた人材もいますが、「航空会社と同じような需要の動きをしている」と言います。

宿泊レートコントロールで稼働率を維持

先ほどのピークやシーズンというのは年間を通して、おおよそ先が読めると思うのですが、目先のことで言うと、いくつか選択肢があります。

日本人向けなのか？

それとも外国人向けの売り方なのか？

外国と日本の典型的な違いがあります。外国では、早めに予約を入れれば金額が安く、直前になると高くなるというのが一般的です。

これが日本になると逆で、事前に前売りでセールをやっていきつつも、直前になってから部屋の需要に応じます。部屋が空いていれば、3カ月前に予約をした人よりも、1週間前に予約をした人のほうが安くなる現象が発生するのです。

そこが外国と日本の違いです。航空会社でも同じことが発生しているといいます。

最近では外国でも直前セールが目立ってきていると言われていますが、基本的には早く予約をすればお得になります。

「直前になると高い！」という認識が海外には未だにあります。

その理由として、「早いうちから予約を取らなければ、直前になるほど値段が高くなる」という文化が根付いている現れだと思います。

ただし日本を含め、需要に応じて価格をコントロールすることが一般的になっているそうで、部屋が埋まっていなければ、直前になってから値引きをする宿が多くなっています。

桜の開花シーズンといったピークのときは、外国と同じように早めに予約をしておかないと安く泊まれないし、後になるほど予約そのものが困難になりますが、それ以外は、直前のほうが安くなるのが日本の特徴です。

いずれにしても、集客ノウハウを考えた場合、顧客データの蓄積が大切です。

異なるアジアと欧米の清潔感

続いては清掃についてです。

日本人にも共通することですが、賃貸物件においては、長期間人が長く住むことを想定していますから、収納やカウンターキッチンを設置するなど、多少デットスペースができても住んでいくうえでの利便性を重視します。

その結果、室内に出っ張りが出たり、収納にホコリがたまりやすかったり、簡単にいえば清掃がしづらくなります。

これがホテルになるとほぼ真四角でバスルームや洗面所など水回りの配置もシンプルなことが多いです。

いってみれば画一的で面白みがない反面、清掃がしやすい部屋といえます。

その観点でいえば、旅館アパートは清掃しにくいと思います。

2世帯になっているところは2階まで掃除機や全ての備品を持って上がって掃除をし、

リネンを回収しなければいけません。

その後に回収したゴミを1階まで持って降ります。タオルやシーツ、掃除機を持って降りますから大変です。

フラットなホテルに比べれば、階層が一般宅と似ているから、アパートは清掃しづらいのです。

くわえて、清掃する項目も多いです。部屋の掃除だけでなく、風呂場やトイレや洗面所、それにキッチンや外回りもそうです。

キッチンについてもお皿やコップを常備しているので、それをその場で洗剤で洗わないといけません。

このため通常のホテルよりも清掃項目は多くなります。

だからこそ私は「清掃もノウハウを持ったプロ意識を持つ」ことを提案します。

余談になりますが、日本と外国では掃除をするポイントが違うようです。日本人は埃や髪の毛が落ちていれば苦情がきます。

外国人はそこまで神経質ではないものの、鏡がピカピカに磨かれていたら喜ぶそうです。

ルームクリーニングについても感覚が違うようで、チェックインが15時なのに、14時までに来てしまったとき、日本人だと清掃が終わるまで部屋に入りたがりません。

しかし外国人旅行客のなかには、そのままでも気にしない方々もいます。「キレイな部屋じゃないか」とそのまま入ろうとする方もいるほどです。その点でいえば、日本人のほうが神経質なのかもしれません。

外国人の場合でも、アジアと欧米では感覚が違うようです。

アジア人よりも欧米人のほうがあまり細かいことに対して気にしません。アジア系のほうがタオル1枚についても「足りない！」と苦情があります。

結局のところ、一番神経質なのは日本人ですから、日本人のお客様が満足することを基準にしておけば、取り急ぎの問題はありません。

もちろん、外国人だから手を抜くということはしません。常に日本人の目線に合ったもので対応しています。

第6章

「旅館アパート」投資成功実例

私は以前から、アパートや戸建てを「旅館」にすることに大きな将来性を感じていました。そして、私の考えに賛同してくれたオーナーさんたちと共に全力で取り組んできました。

おかげさまで私が企画する旅館アパートは2019年現在、東京と京都で41棟98室が完成、9棟26室のプロジェクトが進行中です。

第6章では旅館アパート投資をはじめたオーナーさんの成功事例をご紹介させていただきます。

事例 1
家賃13万円➡家賃38万円にUP！

駅近のアパートを
旅館に転用したら
3倍以上の利益に！

鈴木俊彦さん（仮名）
関西在住・40代の経営者

【物件データ】
☆物件概要　東横線線某駅　徒歩2分
　旅館アパート（4世帯）約24.5㎡×4
☆想定家賃（宿泊費）月額28万円～38万円

東横線の某駅から徒歩2分にある、築5年の4戸の木造アパートです。オーナーは地方在住の資産家で、大きな会社を経営されている二代目社長です。余剰資金があったので現金購入しました。

渋谷駅から電車で10分という好立地で駅からも非常に近い利便性の高いアパートです。吹き抜け型アパートで、普通のアパートとしても物件力もあります。家賃相場は11・5万円ですが、強気の家賃設定で13万円にしていました。そのため物件力はありましたが、繁忙期をすぎるとなかなか決まりませんでした。それを旅館アパートに転用しました。

旅館として稼働させたところ、初月から1部屋あたり2倍を稼ぎ出し、以降は3倍以上の38万円を稼ぎました。オープンしたのは2018年10月からです。

宿泊客の泊まりに来る層ですが、これが意外にも日本人が28%を占めてトップで、中国人12%、台湾人6%、欧米人17%、その他37%です。

渋谷はホテルが少ないから観光客が見込めると予想していましたが、日本のサラリーマンがビジネスホテル代わりに利用する需要があるとは、こちらも驚きました。

オーナーからすると、相場より高い家賃で貸すことができて喜んでいます。もう1つは広告宣伝費と原状回復費用がかからないのが大きな魅力です。

今は渋谷エリアでは、田園都市沿線で駅から徒歩5分で、6世帯を借り上げています。今年の6月からアパート転用が100㎡から200㎡になったからです。それまでは4部屋が限度でしたが、これにより6部屋のアパートを転用できることになりました。このようなプロジェクトが進んでいます。

事例 2
家賃13万円➡家賃40万円にUP！

住みながら
キャッシュフローを得る
賃貸併用旅館アパート

笹木良治さん（仮名）
東京都在住・30代の共働きご夫婦

【物件データ】
☆物件概要　中央線某駅　徒歩7分
　賃貸併用アパート（旅館・1世帯）約40㎡
☆想定家賃（宿泊費）月額35万円～40万円

B
A

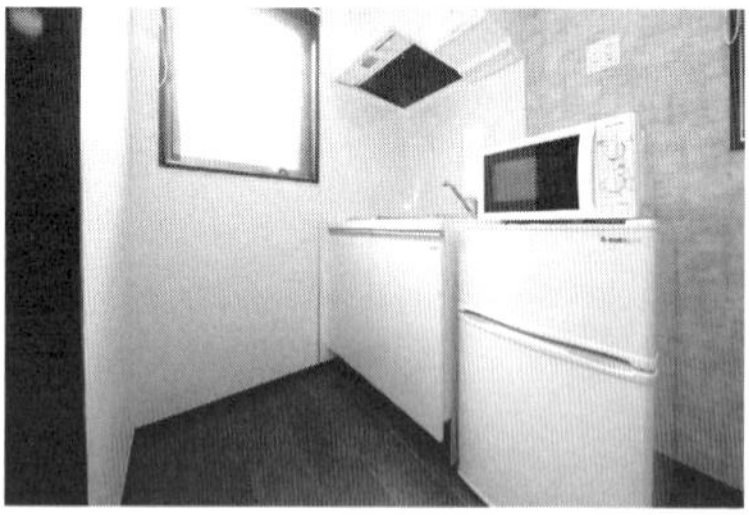

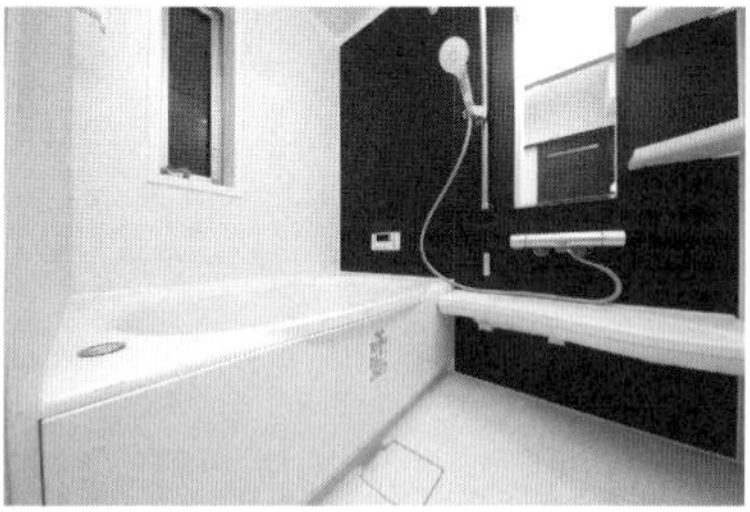

これは新築の賃貸併用アパートです。

中央線の某駅から徒歩7分で、新宿駅からだと電車で15分です。

オーナーさんは「好立地にコストをあまりかけず住みたい」という希望があったので賃貸併用住宅にしました。

これにより、入居者から高い家賃がもらえると考えたのです。それを、さらに旅館にすることで、より高い家賃が取れます。


2019年4月からスタートしました。最初から旅館にする予定で計画されました。オーナーが68㎡で、旅館部分が40㎡です。木造耐火建築のため100㎡の規制はありませんし、3階建てでも問題ありません。

ここは4人定員で、グループが泊まれる部屋があるので人気があります。10連泊するお客さんもいたほどです。


もともと、この部屋を賃貸として貸し出すのであれば新築で13万円です。これが中古だともっと安くなります。

実際に稼働すると3倍の40万円です。ローンが月々20万円台なので、キャッシュフローが10万円です。この物件はオーナーさんが自主運営されています。

万が一、トラブルがあっても一緒に住んでいるので直ぐに駆けつけられますが、実際にはクレームがきたことは一度もないそうです。

事例 3
家賃20万円➡家賃67.3万円にUP！

築古なのに
年々家賃があがる！
フルリノベーション旅館

山田雄二さん（仮名）
東京都在住・40代のサラリーマン

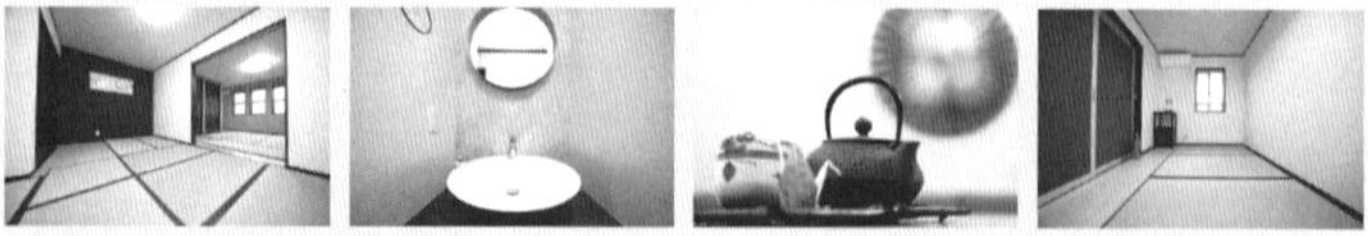

【物件データ】
☆物件概要　地下鉄銀座線某駅　徒歩8分
簡易宿所（一世帯）＋倉庫　3LDK　約87.8㎡
☆想定家賃（宿泊費）月額50万円～97万円

山田さんとはもう10年近くにもなるお付き合いがあります。

もともとは渋谷の周辺でシェアハウスを所有され、私が運営のお手伝いをしていました。その他に妹さんのマイホーム用地を、職人住宅に建てたことがあります。

土地は40坪で東京都町田市の郊外によくある新興住宅にありました。近隣にはメーカー製の賃貸物件も多く、客付に苦労する地域ではありました。

そこに「アパートを建てたい」と希望されたのですが、私は将来性を感じませんでした。それで職人住宅（ガレージハウス）をお勧めしたのです。

戸建てではなく連棟ですが、月に25万円の家賃収入があります。結果からいえば、ビルドインガレージの職人住宅という競争力のある貸家で成功されています。

そんな山田さんから2015年に「もう一棟欲しい！」というご要望をいただき、それで私も「やりましょう！」となりました。

東京都内で物件を探していたところ、浅草にちょうどいい物件が出てきました。

これはうちのスタッフが古い上物が建つ土地を見つけて、山田さんと「この物件をどうしましょうか?」と話をしていたのです。

ちょうど世間は民泊ブームに沸き立っていましたが、ネガティブな話題も出始めていて、不確定要素が多かったのです。

当時の民泊は今以上にグレーゾーンでした。

とはいえ、浅草周辺にあり駅から徒歩8分という好立地ですから、普通の賃貸物件にするのも、もったいない話です。

そこで、旅館業の営業許可を取れないか、設計士や行政書士へ確認をしたところ、「できます！」という判断となり、簡易宿所営業の許可を取ることにしました。

これが初めて手がけた旅館アパートとなります。築30年以上ですが、フルリノベーションをして甦り、2016年1月から稼働しています。

そもそも、ここは住まいを兼ねて床屋さんを営んでいらっしゃいました。

そのため最初から入口が2つある物件でした。床屋部分を倉庫、自宅部分を簡易宿所にするプランを実行しました。

オープンしてから3年以上が経った現在では、ホテル予約サイト「ブッキングドットコム」で10点満点中の8・7点を獲得し、非常に高評価を得ています。

さらに宿泊の収益に加え、床屋のスペースは倉庫として貸し出しているため、プラス月々9万円の賃料が入ります。

「オペレーションは白岩さんたちにすべてお任せしてありますので安心ですね。これまでにアパートとシェアハウス、それに簡易宿所を所有してきましたが、物件を持っていることすら忘れてしまうほどです（笑）」

と、山田さんには喜んでいただいています。

２０１６年は月の売上が平均約53万円だったところ、２０１７年には約63万円、２０１８年では約68万円、２０１９年は約70万円と年々上昇しています。

今年については、8月現在ですでに前年の合計売上を超えています。これが旅館が育っていくということです。アパートの家賃がこのように上がるのは考えられません。

第7章　【成功実例・座談会】

「旅館アパート」で高稼働・高収益を実現する現場とは！

～空室対策からの旅館業と最近の転貸民泊ブームについて～

第7章では具体的に「高稼働・高収益」を実現させるにはどうしたら良いかを、「旅館アパート」経営実践者の3名が対談形式でお伝えします。
土地を取得して新築する、既存の物件をリフォームして転用する、地方の物件を旅館化する、など3名が実践している実例をテーマにした生の討論を紙上収録いたしました。

【成功実例・座談会】

○白岩 貢（しらいわ みつぐ）

1959年、世田谷で工務店経営者の次男として生まれる。世田谷にて珈琲専門店を経営していたが、株式投資の信用取引に手を出してバブル崩壊と共に人生も崩壊。夜逃げ、離婚、自己破産を経てタクシー運転手になり、その後、土地の相続を受けて本格的にアパート経営に乗り出す。60室の大家でありながら本業の傍ら不動産投資アドバイザーとして、その時代に合ったアパートづくりを累計360棟サポートしている。

○穴澤 康弘（あなざわ やすひろ）

1983年生まれ、大学を卒業後、アパレルメーカーに勤務、その後、結婚相談所を経て、不動産業界へ。賃貸の客付営業歴5年、2018年より不動産投資家のサポートの開始。累計2000室の空室を埋めてきた経験より、満室アドバイザーとして活躍中。著書に『空室を許さない！「満室」管理の「王道」』（ごま書房新社）がある。

○前川 宗（まえかわ そう）

2019年1月まで航空自衛隊にてF－15戦闘機のパイロットであり、20代後半からは飛行教導隊の一員として活躍。30代半ばで将来の自分の生き方を考え出すとともに、不動産投資について学ぶ。現在は大家であり、白岩氏のビジネスパートナーとして人生の選択肢を広げる活動を行っている。

ブログ「空飛ぶ音速の世界から全く違う世界へ」https://ameblo.jp/so-m0331/

法改正で旅館へのハードルが下がった!

白岩　今年の6月に旅館業法が改正されて、アパートから旅館アパートへの転用がやりやすくなったね。

穴澤　はい。旅館業がうまくできれば収益性が上げられる事実を知って、オーナーさんにすごく満足してもらえました。旅館業のいいところは、「やめようかな?」と判断したら、すぐに賃貸へ戻せる点です。

白岩　私の知り合い大家さんも一等地でアパート6部屋を旅館にするといっています。

穴澤　空室で悩んでいる方にとって、旅館アパートへの転用は魅力的だと思います。

前川　ただし、どの場所でもできるというわけではないですよね。旅館業が申請可能な地域とそうでない地域があり、土地利用のための「用途地域」というものが決められていて、住居・商業・工業など12種類あります。その中で基本的に専用地域とされている場所はダメです。

白岩　そうですね。再建築不可物件や敷地延長の土地も厳しいです。それは避難路が確保できないからでしょう。ちなみに民泊新法であれば、住居専用地域でも可能です。ただし、行政によっ

ては営業を週末に限るといった制限を設けています。

前川　民泊新法と特区民泊でまたルールが違います。あと、用途地域に加えて地区計画も確認しなくてはいけません。

白岩　アパートを旅館として営業するための法律はいくつかありますが、それぞれに要件が違うため把握しないといけないですね。ここでいうアパートの転用の場合は、旅館業法の旅館に合致するので、適用条件を目指す必要があります。

アパートを旅館で運用するという発想

穴澤　アパートオーナーの本音は「空室を埋めたいが、家賃を下げたくない」です。

でも、多くの客付け会社は、「家賃を下げましょう」「リフォームをしましょう」と、お金のかかる提案か、お金が稼げなくなる提案しかしません。

白岩　そこを旅館にすることで、高稼働・高収益を実現するのが私のおすすめする不動産投資です。

穴澤　私のように客付けの現場にいて、旅館の運営もわかる立場からすると、旅館のニーズはよく理解できるのですが、一般のオーナーさんは「本当にアパートへ泊まる人がいるの？」と戸惑うみたいです。

白岩　自分が外国人になったと想定してもらえばいいでしょう。観光客がその国に来るとき、どこの街からインして、どこの街からアウトするのか。大多数が東京や関西のケースで、そこに長く滞在しますよね。そうすると有名な観光地であってもせいぜい1泊です。それとリピート率の問題もあります。広島はとても人気がありますが、長期滞在する旅行客は少ないでしょう。そんなところに旅館を建てたところで大変なだけですよ。でも、最初からあるものを有効利用するのはいいと思います。親の家などが使用しておらずあまっているのなら、それを旅館として再利用する価値はあります。わざわざ建てる必要もありません。

前川　こんな感覚でしょうか？　日本人がイタリアに行くならローマが定番です。フランスならパリ・・・みたいな。そう考えると、外国人が日本に来たら絶対に東京でしょうね。

白岩 その東京のどこに足を運ぶのかとなれば、やはり渋谷とか新宿が大多数を占めると思う。東京でも23区あって広いけれど、「どこに行きたいか？」「どこに人が集まるのか？」となれば、人気のエリアは限られてきます。空港からのアクセスはもちろん大切ですし。

穴澤 空室で困っているアパートオーナーや空家をお持ちのオーナーと、これから新規で旅館アパートを取得するケースでは、選び方も変わりますよね。

白岩 既存の物件を転用するケースであれば、そこまで必死で稼がなくてもいいでしょう。それはお店の商いでも同じ。人通りの多い場所に出してお客を呼び込むのか、それとも路地裏でも、そこそこ食べていければよい。この2つです。

穴澤　おそらくオーナーさんのタイプで別れるでしょうね。投資家でそれこそ土地から買っている場合、多くの方はローンを組んで購入しますから、きちんと収益を確保しなくてはいけません。ちゃんと回さなければ死活問題です。しかし地主さんや親の家、自分が昔に住んでいた家を転用できるなら、旅館への転用はチャンスがあると思います。古い家は古い家なりに外国人も喜びますから。

旅館業と民泊の集客は違う

白岩　多くの人は旅館業と民泊の集客が違うことを知りません。例えばAirbnbだと、物件の個性やホストのブランディングをすれば、それほど場所が良くなくてもやっていくことができます。対して、旅館業では「ホテルサイト」で集客をします。「ブッキングドットコム」や「エクスペディア」、日本だったら「じゃらん」「楽天トラベル」など。泊まる人はホテルを誰が運営しているのか、経営しているのかなんていちいち気にしません。その点、Airbnbは民泊なので、あくまでも素人が片手間にやっている・・・という認識です。それで友だち感覚でメールの質問が来ます。

これが旅館業であれば、いきなり「予約完了」で終わりなんですよ。ところがAirbnbは、「このイベントのチケットを買いたいけれど」「近所に美味しいお店あるの？」など、いろんな質問が来ます。

そのやり取りをやっていると、Airbnbのゲストたちはホストにお土産を持って来てくれたりするわけです。旅館業ではそのような交流がなく、そこが決定的な違いのような気がします。とにかく宿泊の価格が違うし、宿泊者の分母も違いますね。

客層によって変わる宿泊単価

白岩　韓国人の多くは1万円程度のＬＣＣで関空に降り立ち、大阪にやって来るんですよ。それで彼らは2000～3000円の安い部屋に泊まる。

そのような客層をあてにした結果、過当競争になっていました。今はいろいろと摩擦があって、韓国人が日本に来なくなったので大変だと思います。

私たちの運営している京都や東京の宿泊施設は宿泊料が1万円、2万円と彼らにとっては高額なので、韓国人のお客さんは比較的少なく影響もほぼありません。

穴澤　今年は韓国人が減った一方で、中国の訪日者が増えましたね。

白岩　中国人でパスポートを持っているのは国民の7％です。すなわち、日本のマスコミで騒がれている中国の観光客は、上海や北京などの大都市ではなく地方から1回のビザで来る格安ツアーのお客で、日本では少数派です。

タイや台湾、香港には無料に近い安さで来て、買い物をさせられるツアーが多いです。ところが日本にはそれが少ない。

何故かというと、日本の業者はそのようなことをあまりしません。中国の業者は日本国内でもやっていますが、そもそも日本にはその慣習がないんですよ。

タイに中国観光客が減った理由は、格安ツアーで来た人が船の事故で亡くなったのがきっかけです。

タイの政府か観光庁の役人の「そんな安いツアーで来るからいけないいんだ！」という発言がマスコミに取り上げられました。それでツアーのお客さんが来なくなったようです。

ところが日本に来る中国人といえば、基本的に個人旅行なんですね。

何しろ上位7％が来るから全く生活レベルが違う。韓国もタイも、特に台湾は中国政府が旅行会社に指示することで決まります。しかし、団体客を閉めようにも、日本は個人旅行が主ですから、なかなか閉められないのです。

同じ中国人でも台湾に行く人とタイに行く人、それに日本へやって来る中国人の層・・・あきらかに質が違います。それをみんな理解していません。

穴澤　確かに裕福な人が多い感じで、団体客が減ったように感じます。

前川　基本的に家族旅行が多いですね。

白岩　もう中国人の7割は個人旅行ですよ。それにリピート率も7割近い。1回来た人がリピートで来るからそこが違うんです。

知っておきたいトラブル事例

白岩　ここでは実際に運営の現場にいる穴澤君から、旅館運営で起きたトラブル事例を紹介してもらいます。自分で運営をしてみたい人の参考にしてもらえたら・・・。

穴澤　レンタカーを借りた外国人が「荷卸するだけだから」と、向かいの家の敷地の駐車場に車を停めていたんです。家の人が「停めないで！」と苦情を言いましたが、「2～3分で終わるから」と言いながら、結局は長時間停めていたらしいです。それで家主が怒ってしまい、問題になったことがありました。

白岩　「どうせ空いているのだからいいだろう?」という軽い気持ちだったのでしょうが、近隣の方への配慮はとても大事です。道路の形状的にそのような問題が起こりそうであれば、事前に注意喚起をしておくべきですね。

穴澤　もう一つの事例は、物件の前にやたら吐き捨てたガムが落ちていました。外国人がペッと吐き捨てたガムです。すぐに駆けつけて、慌てて掃除したというトラブルがありました。ヘバりついたガムを取って掃除するのはとても大変でした。

外国人って公衆のマナーが日本人と違うなって驚きました。それにしても、うちの前だけスゴイ跡だったから、そのうちクレームになるなと警戒しまして（笑）。

あとは浅草に9人が泊まれる大所帯の宿泊施設があるのですが、そこへ外人の宿泊者が2人でやって来て、Facebookで現地に来ている友だちを募り、お金をとって泊まらせて儲けているのです。そのようなことをやられてもわからないですね。

この件については、チェックアウトの際に2人ではありえない飲食物のゴミと空き缶の量、またストックされている布団などすべて使用していたので事実関係を宿泊者に確認して発

覚しました。

白岩　そんなことされたら困りますね。これは価格設定の問題でもあります。2人宿泊で安くするからそのようなことになります。そこは5人定員にして、最低料金を高くしておけば防げるでしょう。

人気の転貸民泊は成功者が少ない

白岩　沖縄で転貸の民泊をして失敗されている方から、相談をいただきました。

普通のアパートを、オーナーの許可をとって借りているようですが、それは簡易宿所ではなく民泊新法です。つまり1年の半分しか営業できません。それでかきいれ時の7～8月が赤字だとキツイですよ。その方は女性なのですが・・・円形脱毛症になったそうです。

前川　沖縄はシーズンによる落差が大きいように感じます。
例えば伊豆や箱根ならオフシーズンでも売上げが2分の1まで落ち込みません。それが沖縄になると、倍以上の値段に上がったり下がったりします。3000円が3万円になったりと、桁が変わるほどブレ幅が大きい。

白岩　それを回避するにはちょっとおしゃれな戸建てにするなど、工夫をする考えが必要だと思いますね。

穴澤　貸しているオーナーは普通より家賃を高くできるから、アパートオーナーと運営業者だけが儲かって、民泊オーナーは損しているのですね。

白岩　最後は赤字で撤退するケースが多いみたいです。でも転貸は、多少の損をしても撤退できるのが最大のメリットでもあります。ネットワークビジネスではないけれど、大した金額でもないから訴えられません。それと同じですよ。訴えるほどではないレベルの損をしている人はかなり多くいるでしょう。

穴澤　オーナーからすれば、高い家賃で借りてくれて助かる話ではありますが。

白岩　その通りです。すぐ失敗してすぐ退去しなければ・・・。そんなことはやろうと思えば沖縄でなくてもできますよ。家賃が安いうえに特区民泊ができる大阪も、今はたくさんの転貸民泊が出ているようです。大阪は家賃が低いため、東京に比べて行いやすいんですね。

前川 そもそも家賃は東京だけが高いのですか？

白岩 そうですよ。東京だけが特別です。大阪市も都会ですが、家賃2万円以下が存在します。たとえ新幹線の停車駅でも、全国の大半の街は2万円のアパートがあります。100万人いる政令指定都市でも2万円ですよ。

穴澤 私は東京にある物件の客付けばかりしていましたが、同じ東京でも西のはずれは家賃がぐっと下がります。

白岩 東京の23区だけが特別な場所であり、それ以外は全て同じなのかもしれませんね。

前川　転貸民泊は京都についで、大阪が多いです。最大の理由は特区民泊ができることですが、東京に比べて家賃が低いわりにはニーズがあるからです。
今は転貸の民泊が流行っていますが、転貸のトランクルームや転貸のコインパーキングなども大阪で盛んだと聞きました。

穴澤　ゆがみを利用した転貸ビジネスですね。

白岩　成功するかどうかはオペレーションにかかっていますが、そもそも特区民泊は制限が厳しくないため、すぐにつくることができる。大阪も飽和状態となるのではないでしょうか。

穴澤　東京では飽和がない？

白岩　そもそも東京は土地が高いし家賃も高いです。また特区民泊は使えません。それに民泊新法の規制も厳しいです。旅館業だけ・・・となると、参入障壁が大阪に比べて高いのです。

家賃6万円が最終的に15万円に！

前川　聞いた話ですが、ある方が「300万円で転貸民泊をしないか？」ともちかけられたようです。大阪の特区民泊ですが運営はすべて丸投げ。ただし、所有権でもなく借りているだけです。

初期費用が300万円で、月々の家賃や運営コストを引いても利回りが10％以上ある。300万円で利回り10％とはかなり高利回り商品ですが、見せられたのが去年の稼働実績です。

白岩　去年は民泊新法ができた年で、それまで莫大にあった闇民泊が一掃されて、合法民泊の数が少ない、いわば特需の年です。そこと比べても意味がないでしょう。

前川　その方は、民泊についてそこまで詳しくなかったのですが、部屋は狭いワンルームで、ビジネスホテルのようなタイプと知って辞めたそうです。その人曰く「これが家族で泊まれるような競争力のある部屋なら魅力に感じたと思います。ビジネスホテルのような部屋で、立地は悪くないのですが、既存のビジネスホテルが建っている場所と比べるとよくありません

でした」とのことです。

さらに、後になってわかったことですが、その物件のオーナーがたまたま知り合いだったそうで、民泊の運営会社に貸し出す家賃と、末端の投資家の家賃では倍以上の開きがあったようです。

白岩　前に私がブログで書いた京都の物件も同じです。京都は家賃が安いのに、最後はワンルームが15万円にもなりました。元々のオーナーが6～7万円で貸していた部屋を、民泊コンサルが9万円で借り上げました。今度は、その民泊コンサルが一部屋13万円で顧客の投資家に一棟貸しをしました。一棟借りた投資家は思ったよりも稼働しないので、一部屋ずつバラして「転貸ＯＫ、合法民泊ＯＫ」と触れ込み、15万円で貸し出しているそうです。ここまでくるともう意味が分からないですよ。

穴澤　高いなあ！

白岩　もう絶対に回らないのにやっている状況ですね。

前川　オリンピック前に「これが最後のチャンス！」と飛びつく人がいれば、融資が厳しくなったので少額からスタートできる転貸に魅力を感じる人もいます。しかし、本当に稼いでいる人たちはブローカーですよね。

白岩　株と同じで、最後に来た提灯持ちは儲かるわけがない。

自分で運営するのは「あり」か「なし」か？

穴澤　オーナーさんからの相談で、1つ2つなら「オペレーションを自分でやりたい！」という人もたくさんいると思うのですが？

白岩 戸建てが1つとか、数室程度のアパートが近所にあるのなら、自分で動かしてみたっていいでしょう。ただし戸数が多くなる場合は大変になるから、プロに任せたほうがいいと思いますよ。

前川 新しく浅草で物件を取得されたオーナーさんは、メーカーにお勤めのサラリーマンですが、ご夫婦で旅館運営を行うそうです。

この物件は私がお手伝いをしましたが、そもそも許可も行政書士に頼めばすぐだから難しく考えることはないですね。

白岩 家族経営のスタイルで行うのであれば、旅館でも民泊でもいいですが、個人を前面に出すべきだと思うんですよ。外国人は異文化に触れ合いたいから。もちろん日本人そのものでもいいのですが、そのようにもっていくのが圧倒的に有利です。大きなホテルは部屋数も多いから、個性的で細やかなサービスは難しいでしょう。個人が経営する料理店とチェーン店の違いと同じですね。いかに独自性を打ち出すことによって、リピートと口コミで宿泊率が上がる。これこそ個人でやる強みだと思います。組織や会社ではできないから、ぜひそれをやるべきですね。逆に戸数がある場合は、プロに運営してもらうのがいいと思いますよ。

前川 おそらく考え方の差もあるでしょうね。僕は実際に大家でもあります。ちょっと話が逸れるかもしれませんが、多くの方は「不動産投資＝不労所得」と認識しています。しかし、本当に不労所得なのかと考えると、例えば個人で集客したり掃除をするなど、なにかしら物件の面倒を見るのは、僕の中では不労所得ではないんですよ。

どのような運営体制なのかで意識が変わってくると思うんです。

白岩　これは良いところでもあり悪いところでもありますね。アパート経営は自分の努力次第でなんとかできるところがある。つまり「努力」が必要なわけです。

ただし株やFXに関しては、情報収集で買いと売りの努力はできるかもしれないけれど、運営に関しては何もコントロールできない。

それがアパート経営ならできますからプラスになる反面で、こればかりしていたら不労所得ではなくなります。

ただ、選択肢があるのは圧倒的に良いですね。自分で管理をするのか、それとも業者に管理してもらうのか選べるわけですから。

任せられるプロの選び方

穴澤　オーナーさんによく聞かれるのは運営会社についてです。不労所得にするためプロに任せるなら、そのプロの選び方でアドバイスはありますか？

前川　まず信頼がおけるかです。このビジネスを何年やっているのかが大事ですね。

白岩　ちなみに、うちは6年やっています。あとは基本的なことで、まずサイトコントローラーがきっちり使えるのか、ですね。

前川　なかには知識不足の会社もあります。最低でも業者に、民泊とホテル、旅館業の区別を聞いて、理路整然と答えられるかですね。民泊にも特区民泊、民泊新法がありますから、最低限の知識がなかったら、それは信頼に値しません。

白岩　Airbnbが最初に日本に来た当時、どこにも連絡先がなかったんですよ。でもホストを集めたパーティーはよくやっていて、それでも本体が一切出なかった。彼らは自分たちがグレーだと分かっていたからです。それにしても連絡先がないなんて信じられないですよ。申し込みはできるけれど、そこからどこも連絡不能なんです。あれだけ「Airbnbが上陸しました！」と宣伝しておきながら、本店の所在地どころか電話番号も書いていない。それで代理店を使って広げていったのです。私は沖縄の担当者に会ったこともありますが、「ノルマが月に50件もあるんです！」と聞きました。そういった流れを一切知らない人が、プロやコンサルを名乗るのはどうかと思います。

前川 悪質なコンサルや、能力が低い運営会社が暗躍していることもあり、困っている人がいるのも事実です。とにかく業者選びは慎重にしないといけないですよ！

白岩 そうですね。旅館での失敗もありますし、民泊で失敗された方からはよく相談を受けます。

「不労所得」を得やすい旅館アパート

白岩　ご自身で管理運営するのも一手ですが、旅館はアパートより単価が上がるから不労所得にしやすいですよ。アパートの収益より3〜4倍になれば不労所得になる。

穴澤　つまり収益率が高いから外注に投げられるわけですね。外注に関しても、安かろう悪かろうみたいな業者ではなく、お金をかけてきちんとやれば稼働させられて、物件の価値も上がりますから。

白岩　分かりやすい例でいうと、10万円の部屋が40万円になったとしましょう。経費が半分でも20万円が残りますから。

前川　だから僕は普通のアパートではなく、旅館アパートをはじめたわけですよ。

ちょうど1年前になりますが、白岩さんから旅館の話を聞いて、プロに任せられて、かつローンの返済をしながら自分にキャッシュが残るスキームです。

例えば3階建てにして住みながら旅館を自分で管理すると、自分のサラリーでローンを返済することなく、効率のいい貸し方をして、収益を出しながら新しい家に住めます。

さらに加えてキャッシュを残す考え方に、僕は非常に納得しました。

白岩　これは東京の杉並区の話ですが、現金と土地のある夫婦が3階建てのアパートの3階に住みながら、1階と2階の4部屋を貸し出します。

それだけで一生食いっぱぐれない。4部屋で月160万円の売上がありますから。

前川　僕が若い人たちに言いたいのは、「キャッシュを生み出す努力をするべき！」ということです。それに対して「お金だけが全てじゃないよ」という人も多くいます。

それは一理ありますが、何をするのにもお金を必要とします。70歳近くまで働けたとしても、その後の数十年の老後生活が待っています。

年金が期待できる時代でもありません。現に多くの方が老後の心配をしています。

というか、心配して当然だと思います。

定年退職して新しい仕事に就けたとしても、年収300万円も得られない人たちが世の中に溢れています。結局のところ、誰も助けてくれません。

だからこそ、自分自身でキャッシュを生み出す努力を若いうちから始めるべきだと思います。大儲けをすることを目標とする必要はありません。人を頼りにしたり社会に期待しても、それに添うものは返ってきません。自分の人生、家族の人生のために旅館アパート投資をすることは、一つの活動として非常に良いと思います。

白岩 やはり大事なポイントは、「なるべく早く！」はじめること。

前川　そう思います。

白岩　定年退職後から始めると手遅れだから、いかに早く動くかが大切だね。

穴澤　すごく現実的だと思います。話の締めくくりにすごくいい話ですね！

白岩　本日はありがとうございました。

おわりに

これまで、私のもとには空室に悩む大家さんたくさん相談にいらしています。

高額なメーカー製アパートを建てた結果、収益の少なさに苦しんでいる地主さん。高利回りにつられて、地方に空室率の高いアパートを購入してしまって危機感を抱いているサラリーマン大家さんなど・・・。

皆さんの切実な悩みに対して、少しでも力になれたらという想いでお話を聞かせていただいております。

また、最近は民泊経営で失敗されている人も増えています。民泊といっても、かつての闇民泊ではなくて、きちんと届出済であったり許可を得ていたりする合法物件での話です。

当たり前のことですが、「合法であること」と「高稼働・高収益が実現できること」はイコールではありません。また、実績のない怪しげな民泊コンサルや民泊運営会社も増えていますので、くれぐれもご注意ください。

私自身は新築アパート建築を中心した大家経験がこれまで10年以上、工務店経営をしながら大家をしていた親の代からカウントすれば、もう数十年以上にも及びます。

そうして、私がサポートしたアパートは、累計３６０棟になりました。この数は私への信頼の証だと認識しています。

さらに、私を信頼くださっている多くの大家さんの悩みやニーズに応えるべく、常にアンテナを張っていた結果の一つが本書で紹介している「旅館アパート」です。

こちらも民泊時代から数えれば、5年を超えて着々と実績をあげています。

不動産投資といえば、お金がお金を産む世界です。つい忘れがちなことですが「自分だけが得をするのではなく、関わる皆が幸せになる」。私は、常にそこを目指して進んでいきたいと想っています。

最後になりますが、本書は著書15作目の節目となりました。これまで出版させていただきました版元各社様、デザイナー、ライター様に改めて御礼を申し上げます。

そして本書をはじめ、累計10万部近い著書のいずれかをお読みいただいた、すべての読者の成功をお祈りしております。

令和元年9月吉日

白岩 貢

著者略歴

白岩 貢（しらいわ みつぐ）

1959年、世田谷で工務店経営者の次男として生まれる。

世田谷にて珈琲専門店を経営していたが、株式投資の信用取引に手を出してバブル崩壊と共に人生も崩壊。夜逃げ、離婚、自己破産を経てタクシー運転手になり、その後、土地の相続を受けて本格的にアパート経営に乗り出す。

60室の大家でありながら本業の傍ら不動産投資アドバイザーとして、その時代に合ったアパートづくりを累計360棟サポートしている。現在は、東京・京都を中心に日本のブランド立地で徹底して建物にこだわった「旅館アパート」を開始約2年で30棟以上（本書執筆時）展開中。

著作に「アパート投資の王道」（ダイヤモンド社）、「親の家で金持ちになる方法」（アスペクト）、「家賃収入3倍増！“旅館アパート”投資術～365日宿泊可能な合法民泊～」「新版 新築アパート投資の原点」（共にごま書房新社）ほか、計15冊執筆。

■著者HP　http://shiraiwamitsugu.com/
■著者ブログ　http://blog.livedoor.jp/mitsugu217/

オリンピック後も利益を出す
「旅館アパート」投資
インバウンド需要が利回り10%を常識にする

著　者　白岩 貢
発行者　池田 雅行
発行所　株式会社 ごま書房新社
〒101-0031
東京都千代田区東神田1-5-5
マルキビル7階
TEL 03-3865-8641（代）
FAX 03-3865-8643
カバーデザイン　堀川 もと恵（@magimo創作所）
編集協力　布施 ゆき
印刷・製本　創栄図書印刷株式会社

ISBN978-4-341-08746-3 C0034

ごま書房新社の本

〜「空室対策術」と「家賃アップ術」の新常識を学ぶ「教科書」!〜

空室を許さない！
「満室」管理の「王道」

専業大家　白岩 貢 著
満室案内人　穴澤 康弘 著

大好評　Amazon1位！
業界騒然「令和」の満室術。

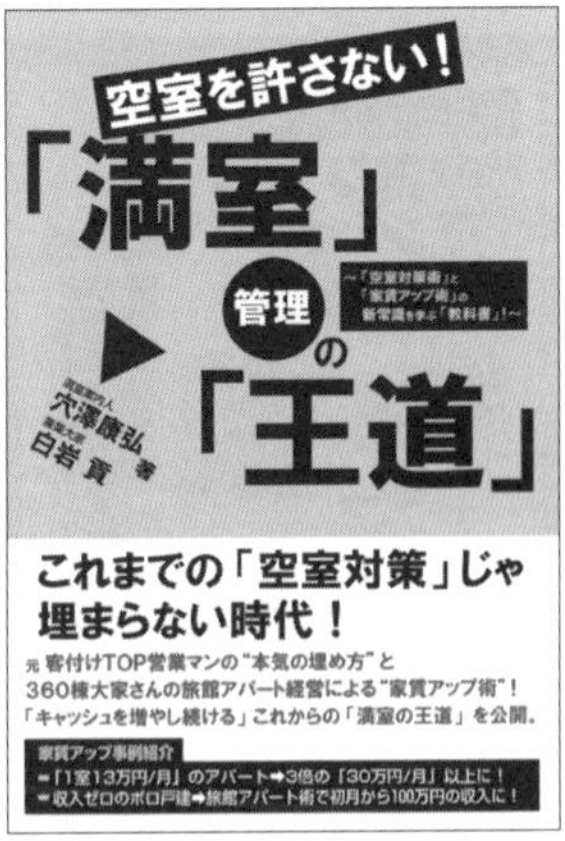

【「空室対策術」と「家賃アップ術」の新常識を学ぶ「教科書」】
"満室案内人"と"360棟大家"さんによる必勝講座！
これまでの「空室対策」じゃ埋まらない時代！ 元客付けTOP営業マンの"本気の埋め方"と360棟大家さんの旅館アパート経営による"家賃アップ術"！
家賃下落、物件飽和、人口減の時代でも「キャッシュを増やし続ける」これからの「満室の王道」を公開。

本体1550円＋税　四六判　200頁　ISBN978-4-341-08728-9　C0034